MTS
전도자 훈련 학교
-지침서-

교회성장연구소

인사말

우리는 각자의 고유한 이름을 가지고 있습니다. 동시에 우리에게는 공통으로 지녀야 할 또 다른 이름이 있습니다. 바로 '작은 예수' 입니다.

'작은 예수', 이것은 우리의 정체성이자, 삶의 목표가 되어야 합니다. 예수님의 가르침이 우리의 입을 통해 전파되어야 하고, 예수님의 사랑이 내 손을 통해 나눔으로 이어져야 합니다. 예수님의 발자국이 우리가 가야 할 길이 되어야 하고, 예수님의 마음이 우리의 성품을 지배해야 합니다.

이 세대에 이러한 '작은 예수' 들이 절실히 필요합니다. 나부터 작은 예수가 되기를 소원해야 하고, 더불어 우리 모두가 작은 예수라는 공통된 이름을 가져야 합니다. 서로가 각기 다른 존재이지만 작은 예수라는 같은 이름으로 하나 될 때, 그리고 그 이름에 걸맞게 예수 향기를 이 세상에 발할 때, 하나님 나라는 더욱 아름답고 넓게 확장되어 갈 것입니다.

그렇다면, 어떻게 해야 작은 예수로서 살아갈 수 있을까요? 어떻게 해야 이 땅이 작은 예수들로 가득 넘칠 수 있을까요? 우리는 예수님의 사역에서 그 원리를 배울 수 있습니다. 예수님께서는 사랑하는 제자들을 세우셨고, 훈련시키셨습니다. 하나님의 뜻을 그들에게 가르치셨고 그 가르침대로 실천하게 하셨습니다. 그리고 무엇보다 그 훈련의 원리는 예수님께서 먼저 본이 되어 주시는 것이었습니다.

작은 예수들이 무수히 일어나기 위해서, 예수님께서 제자들에게 행하셨던 그 훈련이 우리 가운데 시작되어야 합니다. 이러한 비전을 품고 본격적으로 MTS 개정판을 출간하게 되었습니다. 특히 이번 개정판은 평신도 모두가 작은 예수화 되는 것을 목표로 삼고 있습니다. 머릿속에만 맴도는 지식 전수가 아니라, 삶의 변화를 이끄는 MTS를 기획하고 구성하게 된 것입니다.

MTS는 소그룹에서 활용하기에 더없이 유익한 교재입니다. 작은 예수가 되기 위한 핵심적인 내용을 소그룹 구성원과 함께 배우고 익힐 수 있습니다. 그리고 그 배움이 앎으로만 그치지 않고, 각자의 삶의 자리에서 열매 맺도록 도와줍니다. 함께 생각과 삶을 나누고 점검할 수 있는 기회를 마련해 주는 것입니다. MTS를 통한 교육과 훈련은 단지 공부가 아니라, 교제이자 선교이며 삶의 예배입니다.

또한 MTS는 총 10개의 학교로 진행됩니다. 이것은 평신도들이 균형 있는 신앙생활을 할 수 있도록 돕습니다. 예수님을 따르기 위해 필요한 핵심 사항들을 체계적으로 정리하여 편성하였기 때문에 누구나 쉽게 배우고, 익히고, 나눌 수 있습니다.

MTS 개정판을 통해 이 땅에 작은 예수가 더 많이 세워지기를 소망합니다. 그렇게 세워진 작은 예수들이 가정과 교회를 변화시키고, 더 나아가 우리 사회와 나라의 희망이 되기를 꿈꾸어 봅니다.

2012. 9

여의도순복음교회 담임목사 **이 영 훈**

들어가는 말

전도는 하나님의 명령이자 영혼을 살리는 일로서, 먼저 구원받은 우리가 마땅히 감당해야 할 사명입니다. 그러므로 우리는 개인적으로뿐만 아니라 교회를 중심으로 복음 증거 사역에 충성해야 합니다. 이를 위해 전도자 훈련 학교는 성도를 전도자로 세우고 예수님의 증인으로서 살아가도록 이끌어 줍니다.

총 8과로 구성된 전도자 훈련 학교는 세 단계로 분류됩니다. 첫 번째로는 전도의 기본적인 개관을 다룹니다. 먼저 전도의 중요성을 확인함으로써 사명감을 다지는 시간을 갖습니다. 이어서 성경에 나타난 전도에 대해서 살펴보며 성경이 전하는 전도의 의미를 좀 더 깊이 알아보고 예수님의 전도 방법에 대해서 배웁니다.

두 번째로는 전도에 필요한 기본적인 이론을 다룹니다. 전도는 복음을 증거하는 것이므로 전할 복음의 내용을 정확하고 일목요연하게 알고 있어야 합니다. 이를 위해 전도의 메시지, 곧 복음의 내용을 정리합니다. 이어서 전도의 대표적인 종류를 파악하고 종류별로 어떻게 전도를 해야 하는지에 대해서도 공부합니다.

세 번째로는 전도자의 훈련과 자세를 배웁니다. 전도자로서 익히 알고 있어야 할 이론도 있지만, 효과적인 적용을 위해 어떤 준비를 해야 하는지도 반드시 알아야 합니다. 그래서 기본자세와 더불어 영적으로 어떤 준비를 하고 방해물에 어떻게 대처할지 공부하는 시간을 갖습니다.

전도자 훈련 학교 과정을 통하여 예수님의 증인으로서 살아가고 영혼 구원 사역에 동참하는 가장 복된 사명을 감당하시길 바랍니다. 그리하여 하나님의 나라를 확장하는 능력 있는 전도자가 되기를 기대합니다.

MTS를 소개합니다

1. MTS 소개

| 목적 |

- MTS는 SFS(Spiritual Formation Series – 영적 성장 시리즈)로서, 평신도를 작은 예수의 삶을 사는 사역자로 세우는 시스템입니다.
- 평신도 사역자를 체계적으로 양육할 수 있는 시스템을 교회에 제공합니다.

| 특징 |

- MTS(Ministry Training School, 평신도 사역자 훈련 학교)는 평신도를 작은 예수의 삶을 살도록 하기 위해서 제자훈련, 셀 그리고 멘토링과 코칭의 원리를 통합적으로 접목한 훈련 시스템입니다.
- 약 2년이라는 단기간에 10가지 과정을 훈련함으로써 사역에 필요한 사명과 자질을 준비할 수 있습니다.

| 실행 및 운영 |

- 인원은 개 교회에 따라 대략 다음과 같이 구성할 수 있습니다.

규모	인원
소형 교회	5–10명
중형 교회	10–20명
대형 교회	20–40명

- 대그룹 모임과 소그룹 모임이 필요한데, 대그룹 모임은 전체 인원이 함께 모입니다. 소그룹 모임은 한 그룹 당 5–7명씩 묶습니다.
- 모임은 주제 강의, 소그룹 토론 및 기도회 등으로 이루어집니다.
- 약 2년 과정을 마친 사람들을 다양한 사역 현장으로 파송합니다.

| 구성 |

- 먼저 **정규 과정**은 작은 예수의 삶을 살기 위한 '그리스도 알아가기, 따라하기, 섬기기'라는 목표 아래 평신도를 사역자로 세우는 과정입니다.
- 또한 **특별 과정**은 정규 과정을 이수한 사람들이 실제적인 삶에서 작은 예수로 성장하도록 돕기 위한 심화 과정입니다.

2. MTS 약자의 의미

| 명칭 |

Ministry 사역자
Training 훈련
School 학교

| 역할 |

Mentoring or Modeling 가르치는 자의 역할
Training 배우는 자의 역할
Systematizing 시스템을 통해 운영

| 단계 |

Making Believers 신자화
Training as Disciples 제자화
Serving as Workers 사역자화

3. 정규 과정의 구성 및 기간

1) **신자화 과정** : 그리스도 알아가기(1개월 차 평신도)
신앙 입문 학교(4주)

2) **제자화 과정** : 그리스도 따라가기(1년 차 평신도)
성경 가이드 학교(8주) – 큐티 학교(4주) – 예배 학교(8주) – 성령 학교(8주) / 성령축제(인텐시브 코스)

3) **사역자화 과정** : 그리스도 섬기기(2년 차 평신도)
소그룹 리더 학교(8주) – 전도자 훈련 학교(8주) – 새가족 양육자 학교(8주) – 가정 행복 학교(8주) – 기도 학교(8주)

4. 특별 과정의 구성

특별 과정은 일정한 순서가 정해져 있지 않습니다. 일반 과정을 수료한 사람 혹은 교회의 필요에 따라 원하는 학교를 교육받을 수 있습니다.

특별 과정은 분야별로 다음과 같이 분류됩니다.

MTS 특별 과정	
	• 교회 성장 학교 • 부흥 학교 • 주일 교사 학교 • 사랑받기 위해 태어난 사람
	• 조용기 목사의 리더십 학교 • 셀프 리더십 학교 • 리더십 개발 학교
	• 4차원의 영성 리더십 학교 • 4차원의 영성 중보 기도 학교 • 4차원의 영성 전도 학교
	• 4차원의 영성 학교 • 영적 교제 학교 • 찬양 학교 • 하나님의 소명 학교
	• 가정 성장 학교 • 결혼 예비 학교
	• 크리스천 웰빙 학교 • 크리스천 재정 학교 • 사회 봉사 학교 • 대화 학교

5. MTS 모임 형태와 순서의 예시

※ 예시 자료이므로, 각 교회의 상황에 맞게 바꿔서 활용할 수 있습니다.

시간	순서	담당자	진행방법
6:40 – 7:00	찬양	봉사자들	찬양으로 모임을 시작합니다.
7:00 – 7:10	기도	봉사자들	강의 시작 전 함께 기도합니다.
7:10 – 7:30	주제 강의	담임 목회자	20분 동안 교재의 내용을 쉽고 재미있게 강의 형태로 진행합니다.
7:30 – 7:40	티타임	봉사자들	소그룹별로 흩어지는 과정에서 잠시 교제하며 차를 마십니다.
7:40 – 8:20	소그룹 모임	소그룹 리더	4W : Welcome(아이스브레이크), Word(주제강의 반복), Witness(삶의 나눔), Work of Prayer(기도 사역). ※ 목회자는 매주 1개 그룹씩 돌아가면서 참석합니다.
8:20 – 8:40	대그룹 기도회	담임 목회자	담임 목회자가 제시하는 기도 제목이나 소그룹에서 나온 중보 기도 제목을 놓고 함께 기도하고 마무리합니다.

6. MTS 일정

※ 한 과정별로 다음과 같이 진행되며, 8주가 끝나면 워크샵을 진행합니다(4과까지 있는 교재는 4주에 마치게 됩니다).

주	1주	2주	3주	4주	5주	6주	7주	8주	
교재	1과	2과	3과	4과	5과	6과	7과	8과	워크샵
과별 사역	각 과에 필요한 과 외 프로그램을 그때마다 진행합니다.								

※ 워크샵은 다음과 같이 진행할 수 있습니다(당일, 1박 2일, 2박 3일의 세 가지 프로그램 종류가 있습니다. 교회 상황에 맞게 선택한 후, 유동성 있게 조정하여 운영합니다. 1박 2일, 2박 3일 프로그램은 「실행 매뉴얼」에 제시됩니다).

| 워크샵 당일 프로그램 |

시간	순서	진행방법
10:00 – 10:50	예배	한 학교를 끝내게 된 것에 대해 감사예배를 드립니다. 찬양을 10분 정도 드린 후, 약 40분 정도 예배를 드립니다.
10:50 – 11:00	휴식 및 광고	잠시 쉬면서 오늘 일정에 대해 광고합니다.
11:00 – 12:00	1차 복습(1–4과)	한 과당 15분 정도로 복습합니다. 배운 핵심 내용을 완벽하게 익힐 수 있게 합니다.
12:00 – 1:00	식탁 교제	함께 식사하며 교제를 나눕니다.
1:00 – 1:30	휴식 및 찬양	식사 후 잠시 휴식시간을 갖고 오후 일정에 들어가기 10–15분 전부터 찬양을 시작합니다. 찬양과 함께 다음 순서를 시작합니다.

1:30 – 2:30	2차 복습(5–8과)	한 과당 15분 정도 복습 시간을 갖습니다. 배운 핵심 내용을 완벽하게 익힐 수 있게 합니다.
2:30 – 2:40	휴식	소그룹 모임을 위해 자리 이동을 합니다.
2:40 – 4:00	소그룹 간증	배운 내용을 적용하고 실천하는 것과 관련하여, 소그룹 구성원끼리 간증을 나눕니다. 대그룹 간증 시간에 대표로 발표할 구성원을 선정합니다.
4:00 – 4:10	휴식	쉬면서 다시 대그룹 모임을 위해 자리 이동을 합니다.
4:10 – 5:30	대그룹 간증	소그룹의 대표가 나와서 소그룹 간증 때 나누었던 간증을 발표합니다. 소그룹 내에서만 나누었던 간증을 모두가 함께 공유할 수 있습니다. 이때 발표만 할 것이 아니라, 질문이나 조언 등도 함께 나눌 수 있게 합니다.
5:30 – 7:00	식탁 교제(파티)	점심때보다 긴 시간을 할애하여 파티를 엽니다. 한 학교를 마치는 동안 수고한 것을 서로 격려하는 자리를 갖습니다.
7:00 – 8:00	결단의 시간 및 예배	마무리하는 예배를 드리고 예배 끝 부분에 결단의 시간을 갖습니다. 결단 목록을 미리 준비하여 함께 읽는 시간을 갖습니다. 결단 목록은 실행 매뉴얼에 제공됩니다.

MTS 개정판 매뉴얼

오늘 우리는...

이 과의 전체 학습 목표와도 같습니다.

이 과를 통해 궁극적으로 알아야 할 것이 무엇인지를 먼저 파악할 수 있게 합니다.

마음 문 열기

이 과의 학습 내용과 관련된 예화가 제시됩니다.

이어질 학습 내용을 이야기를 통해 먼저 쉽게 접할 수 있습니다.

여기서 잠깐

예화를 읽고 나서 생각을 스스로 점검할 수 있게 해주는 질문이 마련되어 있습니다.

잠깐의 묵상을 통해 좀 더 진지하게 학습 내용에 임할 수 있게 합니다.

배움과 익힘

본격적인 학습 내용이 제시되어 있는 공간입니다.

중제목(1, 2, 3...)과 소제목(가, 나, 다...) 틀 안에 반드시 알아야 할 내용이 정리되어 있기 때문에 누구나 쉽게 학습할 수 있습니다. 또한 학습 내용을 뒷받침해 주는 성구들이 삽입되어 있습니다.

더불어 나눔

이 과를 공부하고 난 후, 소그룹 구성원과 나눌 수 있는 질문과 묵상 및 결단들이 제시되어 있습니다.

배운 내용을 토대로, 혹은 각자의 경험에 기반하여 솔직하게 대화할 수 있습니다.

마음 밭에 심기
– 주제 말씀 암송

배움과 익힘에 나온 여러 성구 중, 대표적이면서도 특별히 기억하면 좋은 성구가 제시되어 있습니다.

주제 말씀 암송과 더불어 말씀대로 실천하고자 노력한다면 이 과를 더욱 풍성히 삶에 적용할 수 있을 것입니다.

마음에 새기기

이 과에서 다루어진 내용을 최종적으로 점검할 수 있는 공간입니다.

배움과 익힘의 내용이 중제목, 소제목별로 한 두 문장씩 정리가 되어 있기 때문에 복습하기에 유리합니다.

참고문헌 및 추천도서

참고했던 도서와 추가로 참고하면 좋은 도서들이 제시되어 있습니다.

개인적으로 공부를 더 하고자 할 때 도움이 됩니다.

Contents

인사말 ● 2

들어가는 말 ● 4

MTS를 소개합니다 ● 6

MTS 개정판 매뉴얼 ● 12

개관

1과 | 전도에 대한 이해 ● 14

2과 | 성경에 나타난 전도 ● 26

이론

3과 | 전도의 내용 ● 38

4과 | 전도의 종류와 전략 ● 52

적용

5과 | 전도자의 이미지 ● 66

6과 | 전도를 위한 준비와 훈련 1 ● 78

7과 | 전도를 위한 준비와 훈련 2 ● 92

실천

8과 | 전도자 훈련 학교 워크북 ● 106

참고문헌 및 추천도서 ● 126

제1과
전도에 대한 이해

오늘 우리는...
- 이 과를 통해, 전도의 의미와 중요성에 대해 알게 됩니다.
- 이 과를 통해, 전도의 단계에 대해 알게 됩니다.

▶▶▶ 제1과는 무엇보다 전도의 중요성과 전도자로서 사명감을 갖게 하는 데에 가장 큰 목적이 있습니다. 인도자는 전도에 대한 전반적인 이해, 즉 의미와 단계에 대해서 배움과 동시에 우리에게 전도에 대한 의무가 있음을 일깨워 주는 데에 온 힘을 다해야 합니다. 이것이 바탕이 되어야 다음 단계에서 이어질 전도에 대한 내용을 더욱 열정적으로 배울 수 있습니다.

마음 문 열기

아프리카의 아버지라고 불리는 데이비드 리빙스턴 선교사는 아프리카 대륙을 동서로 네 번이나 횡단하면서 한 번도 복음을 듣지 못한 사람들에게 예수님의 복음을 증거했습니다.

그는 말년에 옥스퍼드 대학에서 명예박사 학위를 받을 때, 학위수여식에 앞서 예배 시간에 말씀을 전하면서 이와 같은 고백을 했습니다. "날마다 낮에는 무덥고 짜증만 나고 밤에는 춥고 소름이 끼치는 곳에서 나는 자신과의 싸움을 계속했습니다. 온갖 짐승의 공격과 아프리카 원주민들의 방해 등 여러 가지 일로 당한 고통은

말로 다 표현할 수가 없습니다."

그 말을 증명하듯이 그의 오른팔은 사자에게 물어뜯겨서 불구가 되어 힘없이 달려 있었습니다. 그의 말에 모든 학생이 감동을 받았습니다. 그가 말을 마치자 한 학생이 손을 들고 질문했습니다. "선교사님이 아프리카 생활을 잘 이겨낼 수 있었던 비결은 무엇이었습니까?"

리빙스턴 선교사는 잠시 생각에 잠기더니 입을 열었습니다. "특별한 비결은 아무것도 없었습니다. 그저 '내가 세상 끝날까지 너희와 항상 함께 있으리라'고 약속하신 예수님의 말씀이 내 안에 있었고, 그분의 십자가가 나를 끝까지 붙들어 주셨기 때문입니다."

▶▶▶ 인도자는 리빙스턴 선교사가 오직 성경말씀 한 마디를 붙들고 모든 고난을 이겨낼 수 있었다는 사실에 주목해야 한다고 말합니다. 그리고 리빙스턴이 이 비결을 평생 간직하며 자랑할 수 있었듯 우리도 이 비결을 공유하고 더 나아가 다른 이들에게 자랑할 수 있어야 한다고 전합니다.

여기서 잠깐

모든 민족에게 복음을 전파하라고 명하시고 항상 함께하시겠다(마태복음 28:19-20)고 하신 예수님의 말씀이 우리의 삶에 얼마나 영향을 미치고 있습니까?

▶▶▶ 인도자는 전도에 대한 지상명령은 지금까지 유효하고 앞으로도 계속 유효함을 전합니다. 제자들에게 하신 예수님의 말씀이 우리의 귓가에도 생생하게 울려야 합니다. 그러므로 어디에서 누구를 만나든지 예수님의 이 명령을 떠올릴 수 있어야 한다고 권면합니다. 무엇보다 그것은 명령에 그치는 것이 아니라 전도하는 자와 함께하시겠다는 예수님의 약속이기도 함을 늘 기억하자고 전합니다.

배움과 익힘

▶▶▶ 인도자는 전도를 위한 기본 이해를 다지기 위해 어떤 내용을 배우게 되는지 큰 그림을 먼저 제시합니다. 인도자는 전도의 정의를 살펴봄으로써 전도의 본질에 대해 다시 한 번 짚어 보게 된다고 전합니다. 또한 전도가 왜 중요하고 필요한지를 배우게 되며, 마지막으로 전도의 기본 방법에 대해서도 다루게 된다고 미리 설명합니다.

1. 전도에 대한 정의

전도는 예수 그리스도의 보내심을 받아 구원의 복음을 전하는 일입니다. 그리고 전한 복음을 깨닫게 하는 것입니다.

여기서 복음이란 '하나님께서 인간에게 들려주시는 좋은 소식' 이고, 구원의 복음이란 '예수 그리스도를 믿고 구주로 고백함으로써 죄에서 구원받고 영원한 삶을 살게 된다'는 것입니다.

예수님께서 공생애 초기에 "때가 찼고 하나님의 나라가 가까이 왔으니 회개하고 복음을 믿으라"(마가복음 1:15)고 하신 말씀은 복음 전파의 원형이라고 할 수 있습니다.

▶▶▶ **복음은 말 그대로 '좋은 소식'입니다. 복음이 좋은 소식으로 전해지려면 먼저 전도자부터 복음의 기쁨이 충만해야 합니다. 아무리 복음 자체가 기쁨을 담고 있어도 정작 전하는 사람이 그 기쁨을 누리지 못한다면, 복음은 복된 소리, 좋은 소식으로 전달되지 못합니다. 자칫하면 전도가 기독교 이론을 전달하는 것에 그칠지도 모릅니다. 인도자는 전도에 대한 정의를 배우면서 전도자에게 우선적으로 필요한 과제도 함께 기억하라고 전달합니다.**

2. 전도를 해야 하는 이유

가. 하나님의 명령이자 하나님께서 기뻐하시는 일이므로

전도는 다른 누군가의 지시에 의해서가 아니라 하나님께서 명하셨기 때문에 하는 것입니다. 예수님께서는 승천하시기 전에 전도를 지상명령으로 주셨습니다. 그러므로 우리는 복음을 전하는 일이 선택사항이 아니라 하나님의 명령에 따라 반드시 해야 하는 의무 사항임을 명심해야 합니다.

오직 하나님께 옳게 여기심을 입어 복음을 위탁 받았으니
우리가 이와 같이 말함은 사람을 기쁘게 하려 함이 아니요
오직 우리 마음을 감찰하시는 하나님을
기쁘시게 하려 함이라 데살로니가전서 2:4

하나님께서는 전도를 통해 잃어버린 영혼이 돌아오는 것을 기뻐하십니다. 전도의 열매를 많이 맺을 때 하나님께서 영광을 받으십니다.

하나님의 지혜에 있어서는 이 세상이 자기 지혜로
하나님을 알지 못하므로 하나님께서 전도의 미련한 것으로 믿는 자들을
구원하시기를 기뻐하셨도다 고린도전서 1:21

▶▶▶ **전도가 필수 사항이고 명령임을 강조하게 되면, 자칫 강제로 전도하는 일이 발생할 수 있습니다. 전도는 반드시 해야 할 일이지만 억지가 되어서는 안 됩니다. 그러므로 인도자는 이 부분을 말할 때, 전도가 하나님의 명령임과 동시에 하나님이 기뻐하시는 일임을 강조해야 합니다. 인류를 사랑하시는 하나님의 마음을 묵상하면서 명령을 지키고자 할 때, 억지가 아닌 기쁨으로 순종할 수 있습니다.**

나. 예수 그리스도의 증인으로서의 의무이므로

초대교회 열두 사도뿐만 아니라 우리에게도 예수 그리스도의 증인이라는 자격이 주어졌으므로 우리는 세상에서 전도의 사명을 감당해야 합니다. 예수 그리스도 안에서 내가 체험한 하나님의 은혜와 사랑과 삶의 변화를 담대하게 다른 사람 앞에서 증거해야 합니다(요한복음 4:28-30; 9:25).

> 오직 성령이 너희에게 임하시면 너희가 권능을 받고
> 예루살렘과 온 유대와 사마리아와 땅 끝까지 이르러
> 내 증인이 되리라 하시니라 사도행전 1:8

▶▶▶ 복음을 증거할 수 있다는 사실은 의무임과 동시에 놀라운 자격입니다. 복음을 증거할 수 있다는 것은 이미 구원의 반열에 들었다는 의미이기 때문입니다. 즉, 전도는 아무나 할 수 있는 것이 아닙니다. 전도가 버겁다고 느껴질 때, 전도할 수 있다는 것이 의무이기 이전에 권리라는 사실을 기억해야 합니다. 인도자는 이 사실을 떠올리면서 전도에 임하라고 권면합니다.

다. 영혼을 살리는 일이므로

예수님께서 하늘나라의 영광 보좌를 떠나 낮고 천한 인간 세상에 오신 것은 죄인들을 구원하시기 위함이었습니다. 이 땅에 오신 예수님께서는 희생 제물이 되어 십자가에 달려 죽으심으로 구원 사역을 이루셨습니다.

목숨을 살리는 일이 무엇보다 중요하듯, 영을 살리는 것 역시 매우 중요하고 시급한 일입니다. 또한 복음을 전하여 영원히 죽을 운명에서 건져 내어 영원한 생명을 얻게 하는 것은 우리가 이웃을 위해 베풀 수 있는 최대의 사랑이기도 합니다.

> 그런즉 한 범죄로 많은 사람이 정죄에 이른 것 같이
> 한 의로운 행위로 말미암아 많은 사람이 의롭다 하심을 받아
> 생명에 이르렀느니라 로마서 5:18

> 그리스도의 사랑이 우리를 강권하시는도다
> 우리가 생각하건대 한 사람이 모든 사람을 대신하여 죽었은즉
> 모든 사람이 죽은 것이라 고린도후서 5:14

▶▶▶ 인도자는 사랑하고 아끼는 사람이 옆에서 죽어갈 때 마음이 어떠하겠느냐고 질문합니다. 그때의 마음을 기억하면서 죽어가는 영혼을 바라볼 수 있어야 한다고 전합니다. 그러므로 우리는 세상 사람들을 볼 때, 육적인 안목이 아닌 영적인 안목으로 바라보아야 합니다. 육적인 안목으로 보면 편안하고 부유해 보일 수 있기에 자칫 긍휼히 여기는 마음이 들지 않을 수 있습니다. 그러나 영적으로 보면 그 누구보다도 안타까운 존재임을 깨닫게 될 것입니다. 이러한 마음이 수반되어야 누가 시키지 않아도 복음을 전할 마음이 생깁니다.

라. 은혜 받은 자로서 빚을 갚는 것이므로

우리는 죄인임에도 불구하고 예수님의 대속의 은혜로 죄 사함을 받고 구원을 얻었습니다. 이것은 인간이 누릴 수 있는 가장 큰 은혜이자 복입니다. 그뿐만 아니라 이런 은혜를 '먼저' 입고 구원받았다는 것 역시 놀라운 은총이 아닐 수 없습니다. 그러므로 죽음에서 생명으로 옮겨진 우리는 빚진 자로서 때를 얻든지 못 얻든지 전도의 사명에 최선을 다해야 합니다.

> 헬라인이나 야만인이나 지혜 있는 자나
> 어리석은 자에게 다 내가 빚진 자라 로마서 1:14

▶▶▶ 인도자는 난파되어 가는 배의 상황을 비유로 듭니다. 만약 배가 난파되어 가는 상황에서 구명보트에 탈 수 있는 사람은 극히 한정되어 있다고 가정해 봅시다. 그런데 그 소수에 내가 포함되어 구명보트를 탈 수 있었고 살게 되었습니다. 이때 먼저 살아난 사람으로서 어떻게 하겠습니까? 아직 난파된 배에서

죽음을 기다리는 사람들, 이미 바다에 빠진 사람들을 가만히 보고만 있지는 않을 것입니다. 나도 함께 나서서 구조대와 더불어 구조하는 일에 힘쓸 것입니다.

영혼 구원도 마찬가지입니다. 내가 이미 구원받았다는 것은 그만큼 큰 은혜를 먼저 받은 것입니다. 또한 남들보다 참된 복을 더 오래 누리게 되었다는 것입니다. 그러므로 빚진 자의 마음으로 전도할 수 있어야 합니다. 여기서 빚진 자로서의 마음은 죄책감을 가지라는 의미가 아니라 감사가 넘치는 상황을 표현한 것입니다.

마. 상급을 받는 일임과 동시에 화를 면하기 위한 것이므로

전도할 때 사용된 모든 것은 하나님께 영광이 될 뿐만 아니라 우리에게는 복이 되어 돌아옵니다. 하나님께서는 하늘의 상급으로 갚아 주십니다.

> 너희가 나를 택한 것이 아니요 내가 너희를 택하여 세웠나니
> 이는 너희로 가서 열매를 맺게 하고 또 너희 열매가 항상 있게 하여
> 내 이름으로 아버지께 무엇을 구하든지 다 받게 하려 함이라 요한복음 15:16

그러나 전도하지 않으면 상급을 받지 못하는 것으로 끝나는 것이 아닙니다. 성경은 복음을 전하지 않으면 화가 임한다고 증거합니다. 이것은 영혼을 살리는 일이 그만큼 두려운 마음으로 임해야 할 중요한 사명임을 알게 해줍니다.

> 내가 복음을 전할지라도 자랑할 것이 없음은
> 내가 부득불 할 일임이라 만일 복음을 전하지 아니하면
> 내게 화가 있을 것이로다 고린도전서 9:16

▶▶▶ 일반적으로 전도자에게는 놀라운 상급이 기다리고 있다는 사실을 많이 가르칩니다. 그러나 전도하지 않으면 그만큼 화가 임하는 것에 대해서는 잘 가르치지 않습니다. 부정적으로 보이는 내용 같아도 이 사실은 영혼을 살린다는 측면에서 중요하게 다루어져야 할 내용입니다. 또한 반드시 가르쳐야 할 내용입니다.

3. 전도의 단계

가. 다가가기

전도하기 위해서는 사람들에게 먼저 다가가야 합니다. 개개인과 접촉하기 전까지는 결코 전도가 시작될 수 없습니다. 예수님도 사람들을 찾아다니시며 하나님 나라를 전하셨고, 초대교회 때 예수님의 제자들 역시 예수님의 죽음과 부활을 증거하기 위해 사람들을 찾아다녔습니다.

나. 전하기

전도대상자에게 다가갔으면, 복음의 실질적인 내용을 전해야 합니다. 하나님은 어떤 분이시고 인간은 어떤 존재인지에 대해, 인간을 구원하시기 위한 하나님의 구원 계획과 예수님의 십자가 죽음에 대해 전해야 합니다. 이와 함께 구원의 은총을 누리기 위한 방법과 구원받은 자가 얻는 은혜에 대해 알려야 합니다.

> 내가 너희에게 분부한 모든 것을 가르쳐 지키게 하라
> 볼지어다 내가 세상 끝날까지
> 너희와 항상 함께 있으리라 하시니라 마태복음 28:20

다. 결신시키기

결신은 전도대상자가 예수 그리스도를 믿고 구주로 영접하는 고백을 하는 것입니다. 전도자는 복음을 전한 다음 전도대상자가 예수님을 자신의 구주로 고백하도록 인도해야 합니다. 특히 이 고백은 입술의 고백으로 그치는 것이 아니라 삶을 드리는 고백이 되어야 합니다.

> 네가 만일 네 입으로 예수를 주로 시인하며
> 또 하나님께서 그를 죽은 자 가운데서 살리신 것을 네 마음에 믿으면
> 구원을 받으리라 사람이 마음으로 믿어 의에 이르고
> 입으로 시인하여 구원에 이르느니라 로마서 10:9-10

라. 교회로 인도하기

전도대상자가 예수 그리스도를 영접하고 결신했다면 이제 본격적으로 신앙생활을 할 수 있도록 인도해야 합니다. 이 단계는 교회를 중심으로 이루어집니다. 교회 공동체 안에서 함께 예배하고 양육받고 교제함으로써 신앙이 성장해 나가기 때문입니다. 그러므로 전도자는 전도대상자가 교회 공동체에 소속되도록 안내해야 합니다.

마. 새로운 삶으로 이끌어 주기

전도는 하나님의 자녀가 되게 하는 것뿐만 아니라 하나님의 자녀로서 살아갈 수 있도록 인도하는 것까지 포함합니다. 예수 그리스도를 영접한 사람이 이전과는 다른 새로운 삶을 살아갈 수 있도록 가르쳐 주고 이끌어 주어야 합니다. 특별히 전도자는 전도대상자가 성숙한 신앙인으로 자라 갈 수 있도록 본보기가 되어 주어야 합니다.

> 우리가 다 하나님의 아들을 믿는 것과 아는 일에 하나가 되어
> 온전한 사람을 이루어 그리스도의 장성한 분량이
> 충만한 데까지 이르리니 에베소서 4:13

바. 제자화시키기

복음 전도는 영혼 구원에서 시작하여 제자화까지 포함합니다. 예수님의 지상명령에는 '제자 삼는 사명'이 분명하게 있습니다. 그러므로 전도자는 하나님의 자녀가 된 사람들을 예수님의 제자로 키우고 이 땅에서 작은 예수로 살아갈 수 있도록 해야 합니다.

> 그러므로 너희는 가서 모든 민족을 제자로 삼아
> 아버지와 아들과 성령의 이름으로 세례(침례)를 베풀고 마태복음 28:19

▶▶▶ **여기서 다룬 전도의 단계들을 원칙적으로 지키려고 할 필요는 없습니다. 그럼에도 우리가 단계에 대해 배우는 것은 전도를 할 때 '제자화시키는 것'까지 목표로 삼을 수 있어야 하기 때문입니다. 인도자는 복음을 전하고 결신시키는 것에 그치지 말고 그 다음 단계로도 나아가기를 기대하면서 전도에 임해야 한다고 당부합니다. 또한 '다'에서 '바'까지의 단계는 새가족 양육자 학교를 통해 더 자세히 배울 수 있다고 전합니다.**

더불어 나눔

1. 우리의 삶에서 전도가 어떤 의미를 갖고, 어느 정도 비중을 차지하고 있는지를 돌아봅시다.

▶▶▶ 전도는 작정했을 때만 하는 것이 아니라 일상이 되어야 합니다. 어디서든 예수님을 알지 못하는 사람이 있다면, 자연스럽게 예수님을 알리고 복음을 증거해야 합니다. 인도자는 질문에서의 비중이 '몇 번 전도하는지, 몇 명 전도했는지'를 묻는 것이 아니라, '전도가 일상이 되고 있는지'를 묻는 것임을 강조합니다. 그리고 그런 삶을 살지 못했다면, 이제부터라도 전도의 일상화를 꿈꾸어 보자고 권면합니다.

2. 전도라는 방법으로 우리를 영혼 구원 사역에 동참시키는 하나님의 뜻에 대해 묵상해 봅시다. 또한 그것이 얼마나 영광스러운 일인지를 기억하며 감사하는 시간을 가져 봅시다.

▶▶▶ 인도자는 전도할 수 있다는 것 자체가 이미 상급을 누리고 있는 것임을 전합니다. 그 사실에 진심으로 감사하는 마음을 갖고 전도자로서 이 땅에서 영광의 삶을 살아 보자고 권면합니다.

마음 밭에 심기

주제 말씀 암송

그러므로 너희는 가서 모든 민족을 제자로 삼아 아버지와 아들과 성령의 이름으로 세례(침례)를 베풀고 내가 너희에게 분부한 모든 것을 가르쳐 지키게 하라 볼지어다 내가 세상 끝날까지 너희와 항상 함께 있으리라 하시니라 마태복음 28:19-20

▶▶▶ 이 성구는 이 과의 예화에서부터 중요하게 다뤄지던 말씀입니다. 인도자는 '여기서 잠깐'에서 말한 대로 이 말씀이 전도하는 내내 우리의 귀에 울려야 함을 다시금 강조합니다.

마음에 새기기

▶▶▶ 인도자는 마음에 새기기를 통해 이 과에서 배운 내용을 점검하고 중요 내용을 숙지할 수 있어야 한다고 말합니다. 읽을 때에는, 스스로 읽고 복습하는 것도 좋지만 서로 짚어 주는 것이 더 효과적일 수 있습니다. 그러므로 소그룹별로 읽어 볼 수 있도록 유도합니다. 또한 인도자는 한 주에 한 번 이상 이 내용을 각자 체크할 수 있도록 권면합니다.

전도는 구원의 복음을 전하는 일입니다

1. 복음이란 '하나님께서 인간에서 들려주시는 좋은 소식' 입니다.
2. 구원의 복음이란, '예수 그리스도를 믿고 구주로 고백함으로 죄에서 구원받고 영원한 삶을 살게 된다' 는 것입니다.

전도는 우리가 반드시 감당해야 할 사명입니다

1. 하나님의 명령이자 하나님께서 기뻐하시는 일이기 때문입니다.
2. 예수 그리스도의 증인으로서의 의무이기 때문입니다.
3. 영혼을 살리는 일이기 때문입니다.
4. 은혜 받은 자로서 빚을 갚는 것이기 때문입니다.
5. 상급을 받는 일임과 동시에 화를 면하기 위한 것이기 때문입니다.

전도는 여러 단계를 포함합니다

1. 전도하기 위해서는 사람들에게 먼저 다가가야 합니다.
2. 다가간 사람에게 복음의 실질적인 내용을 전해야 합니다.
3. 복음을 들은 사람이 예수님을 자신의 구주로 고백하도록 인도해야 합니다.
4. 예수님을 영접한 사람을 교회로 인도해야 합니다.
5. 하나님의 자녀로서 살아갈 수 있도록 새로운 삶으로 이끌어 주어야 합니다.
6. 예수님의 제자가 되도록 양육하고 도와 주어야 합니다.

▶▶▶ 인도자는 이 과를 정리하며 마무리합니다. 전도가 얼마나 중요한지와 전도자로서 우리가 얼마나 영광스러운 일을 하게 되었는지를 되새겨 봅니다.
다음 과에서는 성경에 나타난 다양한 전도의 모습에 대해 배우게 될 것입니다.

Tip 전도에 있어서 성삼위일체 하나님의 역할

삼위일체 하나님은 유기적 관계 속에서 구원 사역을 성취하시기 위해 주체적으로 일하십니다.

1) 성부 하나님의 감독(에베소서 1:3-7)

성부 하나님은 전도의 감독자이십니다. 만세 전에 전도를 계획하셨고 성자 예수님으로 하여금 죄인을 위한 구원을 실행하도록 보내셨습니다. 또한 예언자들에게는 이 모든 계획을 알려 주심으로서 미리 예고할 수 있게 하셨습니다.

2) 성자 하나님의 실행(요한복음 1:12-13, 29; 3:16; 고린도전서 5:7)

성자 하나님께서는 십자가에서 죽으심으로 성부 하나님의 뜻에 복종하셨습니다. 성자 하나님께서는 율법의 저주에서 우리를 속량하심으로 복음의 실체와 내용이 되셨습니다. 즉, 예수님은 복음의 메시지 그 자체입니다.

3) 성령 하나님의 증거(사도행전 1:8; 요한1서 5:7)

성령 하나님은 오순절 성령 강림 사건을 통해 제자들을 담대한 증인으로 세우시고 전도하게 하셨습니다. 이로써 교회가 시작되고 부흥했습니다. 이후 복음은 교회를 통해 더욱 급속도로 퍼지게 됩니다.

지침서

제2과

성경에 나타난 전도

오늘 우리는...

- 이 과를 통해, 전도를 의미하는 성경의 용어와 성경에 나타난 전도의 원리에 대해 배우게 됩니다.
- 이 과를 통해, 예수님께서 전도하신 모습을 보고 작은 예수가 되는 비결을 배우게 됩니다.

▶▶▶ 이 과는 1과에 이어서 전도에 대한 개관적인 부분을 다루게 됩니다. 특별히 여기서는 성경에서 말하는 전도의 의미와 원리를 살펴보게 됩니다. 곧 성경적인 전도 방법에 대해서 배우는 것입니다. 우리는 성경에 나타난 전도의 모습을 통해 올바른 전도의 원형에 대해서 배울 수 있습니다.

마음 문 열기

글래디스 아일워드의 『작은 여인』이라는 책에 소개된 이야기입니다. 런던에서 노동자의 딸로 태어난 아일워드는 중국 선교의 꿈을 마음속에 품고 있던 중 어느 날 기도의 동역자들과 티베트 지역으로 가서 선교하게 되었습니다. 그러나 열흘길을 가도 전도할 사람이 없어서 일행은 함께 기도하고 찬송을 불렀습니다. 그때 한 라마교 승려 하나가 그들에게 왔습니다. 놀랍게도 그 승려는 "당신들을 기다리고 있었다."면서 함께 가자고 청하는 것이었습니다. 그들이 라마교 승려를 따라 사원으로 가 보니 승려들이 강당

에 모여서 말씀 듣기를 기다리고 있었습니다. 그들이 일주일 내내 밤새워 가며 말씀을 전하자, 모두가 예수님을 믿게 되었고 부흥의 역사가 일어났습니다.

아일워드가 라마교 승려에게 어떻게 이런 일이 생길 수 있었는지 물었더니, 승려는 이와 같이 말했습니다. "어느 해인가 우리 사원의 승려 두 사람이 시장에 갔다가 요한복음 3장 16절이 적힌 쪽지를 받았습니다. 그 쪽지에는 '하나님이 세상을 이처럼 사랑하신다' 라고 적혀 있었는데, 이 말씀에 큰 감동을 받고 하나님에 대해서 알고 싶은 소원이 생겼습니다. 승려들은 쪽지를 돌려 가며 읽었고 시장에 나가 이와 관련된 책인 마태복음, 마가복음, 누가복음, 요한복음을 구해 와서 읽었습니다. 그러다가 마가복음 16장 15절에 기록된 '온 천하에 다니며 만민에게 복음을 전파하라' 는 말씀을 보고 우리에게도 누군가가 말씀을 가르치기 위해 올 것이라고 믿게 되었습니다. 그때부터 우리는 사람을 보내 달라고 기도했습니다. 그런데 승려 두 사람이 나무하러 갔다가 당신들이 부르는 찬송 소리를 듣고 얼른 내게로 뛰어와 알려 준 것입니다."

▶▶▶ 예화를 보면, 성경말씀이 적힌 쪽지 하나가 승려들의 마음을 움직이게 했고 이로써 많은 승려가 하나님께로 돌아오는 기적이 일어났음을 알 수 있습니다. 또한 사람을 만나기조차 어려운 티벳에서 다른 사람도 아닌 승려들을 만나서 예상치도 못한 놀라운 전도의 역사가 일어날 수 있었습니다. 인도자는 하나님께서는 하나님의 방법으로 전도의 역사를 이루어 나가신다는 사실을 다시 한번 예화를 통해 확신하자고 말해 줍니다. 또한 말씀 한 구절이 사람을 변화시키는 힘이 될 수 있다는 사실을 기억하자고 전합니다.

여기서 잠깐

전도하고자 하는 사람에게 은혜와 기적이 따르는 이유는 무엇일까요?

▶▶▶ 우리가 하나님을 위해 무엇인가를 한다고 하면서도 정작 그 가운데서 내 욕심을 챙기려고 하는 경우가 있습니다. 그래서 우리가 어떤 일을 통해 하나님께 영광을 돌리겠다며 간구할 때, 하나님이 이뤄주시지 않는 경우가 있습니다. 그러나 전도는 우리의 욕심이 섞이지 않은 온전한 하나님의 뜻입니다. 하나님께서 기뻐하시고 원하시는 일입니다. 그러므로 하나님께서는 전도자에게 더 큰 힘을 주시고 놀라운 은혜를 베푸십니다.

배움과 익힘

▶▶▶ 이 과는 성경에 나타난 전도 용어들, 예수님의 전도 모습, 성경적인 전도 원리에 대해서 다루고 있습니다. 전도 용어들과 예수님의 전도 모습은 '전도가 성경에서 어떻게 표현되고 있는지'를 보여 주고 있고, 성경적인 전도 원리는 '성경의 원리가 어떻게 전도에 적용되고 있는지'를 보여 주고 있습니다. 인도자는 이런 차이를 참고로 말해 주도록 합니다. 그러나 결론적으로 이 과에서 말하고자 하는 바는 '전도는 성경적인 것'이라는 사실입니다.

1. 성경에 나타난 전도의 의미

가. 유앙겔리조(εὐαγγελίζω, 사도행전 8:4; 11:19)

'유앙겔리조'는 '좋은 소식을 전하다'라는 뜻입니다. 그러므로 전도는 '하나님 나라의 기쁜 소식을 퍼뜨리며 전파하는 것'임을 알 수 있습니다.

나. 케뤼소(κηρύσσο, 마태복음 3:1; 사도행전 8:5)

'케뤼소' 는 '예고하다, 알리다' 라는 뜻이며, 특별한 경우에는 '가르치다' 라는 말로 번역되기도 합니다(마태복음 4:23). 이 단어는 왕의 법령을 알리기 위하여 전령이 이 지방 저 지방으로 돌아다니며 선포하는 것을 표현하는 말입니다. 따라서 전도란 왕이신 하나님의 말씀을 선포하는 것입니다.

다. 디다스코(διδάσκω, 마태복음 9:35)

'디다스코' 는 '가르치다' 라는 뜻이며, 예수님의 복음 전도를 설명함에 있어서 가장 많이 사용된 단어입니다. 이 말은 '복음의 이해를 위해 조직적으로 설명하고 설득시키다' 라는 뜻을 내포하고 있습니다.

라. 마르튀스(μάρτυς, 사도행전 1:8)

'마르튀스' 는 '증인' 이라는 뜻입니다. 특히 '증인' 이란 말에는 '순교자' 라는 뜻이 담겨 있는데, 순교자는 자신의 피로써 자신의 증거를 뒷받침하는 사람을 가리킵니다. 따라서 증인이란 초대교회의 성도들처럼 복음을 전파하고 또 그것을 위하여 죽는 사람을 의미합니다. 그러므로 전도란 '그리스도를 위하여 목숨을 걸고 증인이 되는 것' 임을 알 수 있습니다.

마. 마데튜오(μαθητεύω, 마태복음 28:19)

'마데튜오'는 '제자화하다'라는 뜻을 가지고 있으며, 회심을 통해 예수 그리스도를 믿게 할 뿐만 아니라 예수님의 제자로 훈련시킨다는 의미를 내포하고 있습니다. 그러므로 전도란 예수님의 제자로 양육하는 것까지 포함하고 있음을 알 수 있습니다.

▶▶▶ 여기서 다룬 다섯 가지 단어에서 공통적으로 알 수 있는 것은, 전도란 단지 말로 하는 것이 아니라는 사실입니다. 온 몸을 던져서 영혼 구원을 위해 불사르는 것이 전도입니다. 인도자는 이 용어들을 통해 그러한 열정을 발견할 수 있다고 설명합니다.

2. 예수님의 전도

예수님께서는 전도의 본이 되셨습니다. 예수님께서는 친히 전도를 하셨으며 제자들에게 전도에 대해 가르치시고 복음을 전파하라고 명령하셨습니다. 그러므로 우리는 작은 예수가 되어 예수님의 복음 전파 사역을 이어 가야 합니다.

가. 기도로 준비하심(마태복음 4:1-11)

예수님께서는 전도의 사역을 하시기에 앞서 금식기도를 하셨습니다. 이는 기도가 없는 전도는 열매를 기대할 수가 없음을 가르쳐 줍니다.

▶▶▶ 간혹 전도의 전 과정을 하나님이 인도하시므로 굳이 기도하지 않아도 전도의 열매를 거둘 수 있다고 생각하는 사람들이 있습니다. 그러나 전도하기 전에 기도하는 것은 단순히 전도의 결과를 위해서가 아닙니다. 하나님이 전도하는

가운데 함께하시길 소원하는 마음으로 기도하는 것이고, 전도대상자들의 영혼을 긍휼히 여기는 마음으로 중보기도 하는 것입니다. 그러므로 예수님도 기도하셨던 것을 기억하면서 전도하기 전에 반드시 기도로서 나아가야 합니다. 전도를 위해 기도하는 과정 역시 전도에 포함됩니다.

나. 직접 전도의 본을 보이심(마태복음 4:17)

예수님께서는 말로만 전도하라고 하시지 않고 친히 전도를 실천하심으로써 본을 보여 주셨습니다. 전도는 말로만 하는 것이 아니라 실천해야 하는 것입니다.

▶▶▶ 예수님께서는 오병이어의 기적을 통하여 광야에서 굶주린 오천 명을 먹이셨습니다. 예수님께서는 문둥병자의 집에서 식사하셨고, 세리의 집을 방문하셨으며, 간음한 여인을 용서하시고 돌려 보내셨습니다. 잔치집을 더 즐겁게 하셨고, 장례식의 울음을 소생의 기쁨으로 변화시키셨습니다. 이런 사역 가운데에서 하나님 나라를 전파하셨습니다. 무엇보다 예수님은 십자가에서 죽기까지 영원한 사랑을 실천하셨습니다. 이처럼 예수님이 보여 주신 전도의 모습은 직접적인 행동이 따르는 것이었습니다.

다. 제자들을 선택하심(마태복음 4:18-20)

예수님께서는 전도자들을 기다리지 않고 직접 다니면서 선택하셨습니다. 교회는 전도의 은사를 받은 사람을 발굴하여 훈련하는 사역에 힘써야 합니다.

▶▶▶ 예수님께서는 제자들을 부르시고 그들과 동고동락하셨습니다. 제자들은 예수님을 이해하지 못하고 심지어 배반까지 했지만 예수님께서는 제자들을 훈련, 양육하셨고 각지에 파송하셨습니다. 예수님께서 승천하신 후에 유대 땅 좁은 곳에서부터 퍼지기 시작한 구원의 복음이 오늘날 전 세계로 전파될 수 있었던 것은 예수님께서 제자를 양육하셨기 때문입니다.

라. 제자들과 함께하시면서 가르치심(누가복음 8:1)

예수님께서는 제자들에게 전도의 이론에 대한 가르침과 실천을 병행하여 훈련하셨습니다. 오늘날도 전도 훈련을 할 때에는 전도의 이론 학습과 실습을 반드시 병행해야 합니다.

▶▶▶ 인도자는 지금 전도자 훈련 학교를 통해 배우는 모든 것 역시 실천으로 이어져야 함을 강조합니다. 사실상 전도에 대해 많은 교육이 이루어지지만 교육받는 것으로 끝나는 경우가 많습니다. 실천할 때 전도에 대한 교육이 온전히 완성되는 것임을 분명히 기억해야 합니다.

마. 둘씩 짝지어 파송하심(마가복음 6:7-13)

예수님께서는 제자들을 둘씩 짝지어 전도 훈련을 시키셨습니다. 이 방법대로 팀을 이루어 전도를 하면 두 사람이 서로 협력하여 전도의 어려움을 뛰어넘을 수가 있습니다.

▶▶▶ 여기에서 그룹전도의 중요성을 엿볼 수 있습니다. 인도자는 4과에서 그룹전도에 대해 좀 더 배우게 된다고 예고합니다.

바. 반복적으로 훈련시키심(누가복음 10:1-20)

예수님께서는 전도 훈련을 한 번에 그치지 않고 계속하여 제자들에게 전도가 생활화되도록 하셨습니다. 계속적인 훈련만이 전도의 전문가를 양성해 낼 수 있습니다.

▶▶▶ 전도는 하나님의 뜻이기 때문에 하나님께서는 놀라운 능력을 주셔서 전도를 능히 해낼 수 있게 하실 수 있습니다. 그러나 하나님은 그렇게 역사하지 않으시고 우리가 꾸준히 훈련하게 하십니다. 우리는 그런 훈련 가운데에서 전도 자체에 대한 훈련뿐만 아니라 영적으로 한 단계 나아가는 훈련, 하나님의 마음을 알아가는 훈련, 인격이 다듬어지는 훈련 등을 함께 경험하게 됩니다.

사. 함께하신다는 약속을 주심(마태복음 28:20)

예수님께서는 세상 끝날까지 제자들과 함께하실 것을 약속해 주셨습니다. 이 약속은 지금도 유효합니다. 예수님께서는 전도자들을 고아와 같이 내버려두지 아니하시고 받은바 사명을 능히 감당할 수 있도록 도와주십니다.

▶▶▶ **예수님께서는 공생애 기간 동안 제자들과 함께하시며 전도하신 것뿐만이 아니라 승천 이후에도 함께하겠다고 약속해 주셨습니다. 인도자는 함께해 주시는 주체가 성령님이시라는 사실에 대해서도 다시 한 번 짚어 줍니다.**

3. 성경적인 전도 원리

▶▶▶ **전도에는 많은 방법이 있습니다. 우리는 어떻게 하면 복음을 더 효과적으로 전할 수 있을지에 대해 고민해야 합니다. 그런데 여기서 무엇보다 중요한 것은 전도 방법도 성경에 근거를 두어야 한다는 사실입니다. 인도자는 다음에 등장하는 원리 및 방법들이 성경말씀에 기반한 것임을 설명합니다.**

가. 분명한 목표를 세우고 간구하기

전도자는 실제로 전도하기 전에 분명한 목표를 세워야 합니다. 먼저 전도대상자를 정하고, 그다음에는 전도할 기간을 정해야 합니다. '○○○를 ○월까지 전도하여 결신하도록 인도하겠다.' 라는 구체적인 목표를 세운 후 집중적으로 기도하고 전도해야 합니다.

> 너희 안에서 행하시는 이는 하나님이시니
> 자기의 기쁘신 뜻을 위하여
> 너희에게 소원을 두고 행하게 하시나니 빌립보서 2:13

나. 복음을 담대하게 전하기

복음을 전할 때에는 자신 없는 태도로 우물쭈물하지 말고 담대하게 전해야 합니다. 복음은 영원불변의 진리이며 한시라도 빨리 전해야 할 생명의 소식이기 때문입니다.

> 그런즉 그들이 믿지 아니하는 이를 어찌 부르리요
> 듣지도 못한 이를 어찌 믿으리요 전파하는 자가 없이 어찌 들으리요
> 보내심을 받지 아니하였으면 어찌 전파하리요 기록된바 아름답도다
> 좋은 소식을 전하는 자들의 발이여 함과 같으니라 로마서 10:14-15

다. 영적으로 무장하기

전도는 영적 싸움입니다. 그러므로 전도대상자를 영적으로 해방시키기 위해서는 예수님의 이름으로 사탄을 물리치고 기도로 무장해야 합니다. 충분히 기도하지 않고 전도하면 실패합니다. 전도의 성공 여부는 얼마나 오랫동안 기도로 준비를 했느냐에 달려 있습니다. (영적 무장에 대한 자세한 내용은 6과에 있습니다.)

> 믿는 자들에게는 이런 표적이 따르리니
> 곧 그들이 내 이름으로 귀신을 쫓아내며 새 방언을 말하며 마가복음 16:17

라. 전도대상자를 사랑으로 품기

전도하는 것은 생애 최고의 복을 제공하는 것과 같습니다. 그러므로 진실한 마음으로 전도대상자를 축복하며 전도해야 합니다. 전도는 곧 예수 그리스도의 사랑을 전하는 것임을 기억하고 내가 받은 은혜와 사랑을 온전히 전해야 합니다.

> 그러나 너희 듣는 자에게 내가 이르노니
> 너희 원수를 사랑하며 너희를 미워하는 자를 선대하며
> 너희를 저주하는 자를 위하여 축복하며
> 너희를 모욕하는 자를 위하여 기도하라 누가복음 6:27-28

마. 삶을 나누기

전도자는 예수님의 증인입니다. 그러므로 성경과 기독교를 변증하려 하지 말고 자신이 그리스도를 통해 듣고, 보고, 느끼고, 변화된 체험을 있는 그대로 증거해야 합니다. 가장 좋은 전도 방법이 간증입니다. (간증에 대한 자세한 내용은 3과에 있습니다.)

> 태초부터 있는 생명의 말씀에 관하여는 우리가 들은 바요 눈으로 본 바요
> 자세히 보고 우리의 손으로 만진 바라 요한1서 1:1

바. 마음의 문을 열도록 중보하기

전도자는 기도로 전도를 준비할 뿐 아니라 전도 기간 내내 전도대상자의 마음이 열려 있기를 기도해야 합니다. 또한 전도대상자가 복음을 받아들이지 않을 때에는 전 단계로 돌아가서 다시 말씀을 전해

야 합니다. 인간의 힘으로는 불가능하지만 겸손하게 성령님의 도우심을 구하면 성령님께서 역사하십니다.

> 기도를 계속하고 기도에 감사함으로 깨어 있으라
> 또한 우리를 위하여 기도하되 하나님이 전도할 문을 우리에게 열어 주사
> 그리스도의 비밀을 말하게 하시기를 구하라
> 내가 이 일 때문에 매임을 당하였노라 골로새서 4:2-3

사. 전도의 열매가 맺힐 때까지 인내하기

전도에 실패했다고 실망해서는 안 됩니다. 만일 잘못된 복음을 전해서 한 영혼을 실족케 했다면 형벌을 받아도 마땅합니다. 그러나 순수하게 올바른 복음을 전했음에도 불구하고 상대방의 마음이 준비되지 않아서 복음을 받아들이지 않을 경우에는 실망하거나 낙담할 필요가 없습니다. 전도에는 실패가 없음을 기억하며, 전도의 열매는 하나님께서 거두신다는 사실을 믿고 인내해야 합니다.

> 우리가 선을 행하되 낙심하지 말지니
> 포기하지 아니하면 때가 이르매 거두리라 갈라디아서 6:9

아. 결신하도록 이끌어 주기

전도대상자가 마음 문을 열고 복음을 받아들이면 전도자는 그로 하여금 입으로 시인하게 해야 합니다. 예수님을 구주로 영접하고 하나님을 믿는다고 시인하는 것은 '말씀을 듣고 그대로 따르겠다' 는 순종을 의미합니다.

네가 만일 네 입으로 예수를 주로 시인하며
또 하나님께서 그를 죽은 자 가운데서 살리신 것을 네 마음에 믿으면
구원을 받으리라 사람이 마음으로 믿어 의에 이르고
입으로 시인하여 구원에 이르느니라 로마서 10:9-10

▶▶▶ 인도자는 이 외에도 더 많은 성경적인 원리가 있을 수 있음을 설명합니다. 전도와 직접적인 연관이 되는 말씀만 전도의 원리로 사용할 수 있는 것이 아닙니다. 성경에 있는 어떤 말씀이라도 전도에 활용하고 적용할 수 있습니다. 그러므로 전도자로서 나아가기 위해서는, 앞으로 말씀을 읽을 때마다 '전도자로서 이 말씀을 어떻게 전도에 적용할 것인지' 묵상하는 습관을 가져야 합니다.

더불어 나눔

1. 삶을 통해 하나님의 사랑을 전할 수 있는 방법에는 어떤 것들이 있는지 나누어 봅시다.

▶▶▶ 많은 것이 있을 수 있지만, 가장 대표적인 것은 먼저 낮아지신 예수님의 모습을 닮아가는 것입니다. 오늘날 세상 사람들은 서로 자신만 내세우느라 상처받고 이질적인 관계가 되어갑니다. 하지만 예수님처럼 진실로 낮아지고 먼저 소외된 자들을 찾아간다면 그들은 분명 하나님이 어떤 분이신지를 간접적으로 깨달아갈 것입니다. 그런 모습 가운데에서 사람들은 마음 문을 열게 될 것입니다.

2. 성경이 가르쳐 주는 원리대로 전도하면 하나님께서 열매를 맺어 주십니다. 이 사실을 온전히 믿고 세상을 향해 담대히 복음을 들고 나갈 수 있도록 기도해 봅시다.

▶▶▶ 전도자가 반드시 기억해야 할 것은 열매가 당장 맺히지 않을 수도 있다는 사실입니다. 조지 뮬러가 평생을 걸쳐 전도했던 친구가 조지 뮬러의 사후에야 예수님을 영접했듯, 열매가 맺히는 기간이 길어질 수도 있습니다. 그러므로 인내하는 자세가 필요합니다. 단, 듣든지 안 듣든지 끝까지 전하고 또 전해야 합니다. 인도자는 그런 인내와 담대함을 갖게 해달라고 함께 기도하자고 말합니다.

마음 밭에 심기

주제 말씀 암송

기도를 계속하고 기도에 감사함으로 깨어 있으라 또한 우리를 위하여 기도하되 하나님이 전도할 문을 우리에게 열어 주사 그리스도의 비밀을 말하게 하시기를 구하라 내가 이 일 때문에 매임을 당하였노라 **골로새서 4:2-3**

▶▶▶ 하나님의 일은 합력하여 선을 이루어야 합니다. 기도와 감사하는 삶이 전도하는 삶과 어우러져서 하나님 앞에 영광을 돌리는 삶이 되어야 합니다. 곧 전도를 위해 기도하고 전도하면서 감사의 고백이 터져 나오는 신앙의 흐름이 하나님의 뜻을 이루기 위해 이어져야 합니다. 이 사실을 되새기며 이 성구를 암송합니다.

마음에 새기기

▶▶▶ 인도자는 마음에 새기기를 통해 이 과에서 배운 내용을 점검하고 중요 내용을 숙지할 수 있어야 한다고 말합니다. 읽을 때에는, 스스로 읽고 복습하는 것도 좋지만 서로 짚어 주는 것이 더 효과적일 수 있습니다. 그러므로 소그룹별로 읽어 볼 수 있도록 유도합니다. 또한 인도자는 한 주에 한 번 이상 이 내용을 각자 체크할 수 있도록 권면합니다.

성경에는 전도를 나타내는 다양한 용어들이 있습니다

1. 유앙겔리조(εὐαγγελίζω)는 전도가 '하나님 나라의 기쁜 소식을 퍼뜨리며 전파하는 것'임을 의미합니다.
2. 케뤼소(κηρύσσο)는 전도가 '하나님의 말씀을 대신 선포하는 것' 임을 의미합니다.
3. 디다스코(διδάσκω)는 전도가 '복음의 이해를 위해 조직적으로 설명하고 설득시키는 것' 임을 의미합니다.
4. 마르튀스(μάρτυς)는 전도가 '그리스도를 위하여 목숨을 걸고 증인이 되는 것' 임을 의미합니다.
5. 마데튜오(μαθητεύω)는 전도가 '예수님의 제자로 양육시키는 것' 임을 의미합니다.

우리는 예수님이 전도하신 방법을 배워야 합니다

1. 내 뜻이 아닌 오직 하나님의 뜻을 전해야 합니다.
2. 소외된 사람들을 찾아가서 사랑을 전해야 합니다.
3. 복음을 전하는 것만이 아니라 제자로 양육하는 일까지 감당해야 합니다.

성경은 다양한 전도의 방법에 대해 알려 줍니다

1. 분명한 목표를 세우고 담대하게 복음을 전해야 합니다.
2. 전도를 하기 전에 영적으로 무장하고 축복의 파장을 흘려보내야 합니다.
3. 성경과 기독교를 변증하는 것보다 자신의 신앙 체험을 간증하는 것이 효과적입니다.
4. 전도대상자가 마음 문을 열도록 늘 기도해야 합니다.
5. 전도자는 전도대상자가 하나님을 확실히 믿을 때까지 인내하고, 예수님을 구주로 시인할 수 있도록 이끌어 주어야 합니다.

▶▶▶ 인도자는 이 과를 정리하며 마무리합니다. 성경에서 전도를 어떻게 설명하고 있고, 예수님의 전도 방식과 성경에 나타난 전도 원리가 어떻게 나타나있는지 떠올리면서 성경적인 전도자가 될 것을 서로 다짐해 봅니다.
다음 과에서는 전도할 때 어떤 내용을 전해야 하는지, 복음 알맹이에 대해 배우게 됩니다.

지침서

제3과

전도의 내용

오늘 우리는...

- 이 과를 통해, 어떤 내용을 어떤 방식으로 증거할지를 배우게 됩니다.
- 이 과를 통해, 어떻게 나의 삶을 전도의 도구로 사용할 수 있는지를 배우게 됩니다.

▶▶▶ 이 과에서는 전도대상자에게 가르치게 될 전도의 내용을 다루고 있습니다. 전도할 때 가르쳐야 할 핵심적인 내용은 곧 '구원의 복음'입니다. 인도자는 복음의 내용을 배우는 것이 목적이 아니라 '전도대상자에게 이 내용을 전하는 법'을 배우는 것이 이 과의 목적임을 말해 줍니다.

마음 문 열기

한 목사가 신앙은 없지만 가끔 교회에 나오는 어느 사회 지도층 인사를 위해 특별히 말씀을 준비했습니다. 그러고는 신앙이 깊고 헌신적인 그 사람의 부인에게 이렇게 말했습니다. "부군께 제가 오늘 밤 교회에서 조용히 뵙고 싶다고 전해 주십시오." 부인의 말을 들은 남편은 곧 목사에게 전화로 초대에 대한 감사의 뜻을 전했습니다. 그런데 그날 밤 비가 억수같이 쏟아졌습니다. 그는 교회에서 그리 멀지 않은 곳에 살고 있었으나 끝내 오지 않았습니다. 이에 실망한 목사는 자책하듯이 "아, 그를 주님께로 인도하지 못하

게 되는구나"라고 중얼거렸습니다.

그때 하나님께서 이와 같이 말씀하셨습니다. "왜 너는 직접 그를 찾아가서 말씀을 전하려 하지 않느냐? 만약 그의 집에 불이 났다는 것을 알면, 가서 깨우지 않겠느냐? 왜 가장 귀한 일을 하지 않느냐?"

순간 목사는 그를 향한 하나님의 사랑이 얼마나 큰지 알 수 있었습니다. 그래서 그 목사는 억수같이 퍼붓는 비를 뚫고 그를 찾아갔습니다. 악천후 속에서도 자기를 찾아온 목사를 보자 그는 반갑게 맞으며 말했습니다. "하나님, 감사합니다. 목사님, 하나님께서 어떻게 해야 구원받을 수 있는지를 저에게 알려 주시려고 목사님을 보내셨습니다. 목사님의 말씀이 제 마음을 계속 흔들어서 도무지 잠을 잘 수가 없었습니다." 놀랍게도 그는 복음을 받아들일 준비가 되어 있었던 것입니다.

결국 그 자리에서 그는 그리스도를 영접했고, 두 사람은 함께 무릎 꿇고 기도하며 하나님께 영광을 올려드렸습니다.

▶▶▶ **하나님의 사랑이 있는 전도가 사람의 마음을 감동시킵니다. 그런데 내 이미지를 위해서, 내 영광을 위해서, 내 의지에 의해서 베푸는 사랑은 영향력을 끼치지 못합니다. 예화에서처럼 하나님의 마음이 온전히 전달되는 사랑이 전해질 때, 사람들은 마음 문을 열게 됩니다.**

여기서 잠깐

우리의 삶 속에 복음의 내용이 담겨 있으려면 어떻게 해야 할까요?

▶▶▶ 세상 사람들도 많은 선행을 하면서 덕을 끼칩니다. 그러나 그 안에는 복음이 없습니다. 우리의 선한 영향력이 복음을 전하는 도구가 되려면 우리가 먼저 하나님의 사랑 안에 잠겨야 합니다. 내 의지나 자랑에 근거해서는 안 됩니다. 하나님이 가장 큰 희생으로 모든 것을 다 주시고 용서하셨음을 믿고, 그 사랑을 이어 가는 차원에서 나누고 베풀어야 하는 것입니다. 그러할 때 계산과 조건을 초월한 희생적인 사랑을 보여 줄 수 있고, 그 안에서 사람들은 하나님의 사랑을 엿보게 됩니다. 그러므로 인도자는 '겸손과 나눔과 섬김의 삶을 살되 그것이 복음 증거의 도구가 되려면 반드시 그 삶이 하나님의 사랑으로부터 기인해야 한다'는 사실을 전해 줍니다.

배움과 익힘

▶▶▶ 우리는 교회 안에서 많은 말씀을 듣고 배웠습니다. 그러나 막상 나가서 복음을 전하려고 하면 막막할 때가 많습니다. 특히 말은 많이 하는데, 정작 복음의 핵심을 전하지 못하는 경우도 있습니다. 복음의 핵심이 무엇인지를 아는 사람이 '준비된 전도자'입니다. 인도자는 이 과를 통해 비신자에게 반드시 전해야 할 복음의 내용과 순서를 확실히 이해하자고 전합니다. 또한 이 기회에 복음의 핵심 내용을 분명히 소화하고 스스로 확신을 가질 수 있도록 하자고 말합니다.

1. 복음에 대해 증거하기

전도자는 다음의 내용을 핵심으로 하여 복음을 증거하도록 합니다.

가. 제1원리: 복음의 주체 – 하나님

하나님은 우주 만물을 창조하시고 다스리시는 역사의 주인이시며 전지전능하신 분입니다.

> 태초에 하나님이 천지를 창조하시니라 창세기 1:1

하나님은 지금도 살아 계십니다. 우리를 창조하신 하나님께서 우리에게 새 힘을 주시고, 우리 삶에 부족한 것들을 채워 주십니다.

> 세세토록 살아 계신 이 곧 하늘과 그 가운데에 있는 물건이며
> 땅과 그 가운데에 있는 물건이며 바다와 그 가운데에 있는 물건을
> 창조하신 이를 가리켜 맹세하여 이르되
> 지체하지 아니하리니 요한계시록 10:6

▶▶▶ **전도대상자의 대부분은 타종교인이거나 무신론자들입니다. 그러므로 복음을 증거할 때는 하나님의 살아 계심을 알리는 것부터 시작해야 합니다. 인도자는 소그룹 구성원 중에 하나님의 존재에 대해 좀 더 자세히 전하려고 하는 사람이 있다면, 『신앙 입문 학교』 1과를 참조할 수 있도록 합니다.**

나. 제2원리: 복음의 대상 – 인간

하나님은 인간을 하나님의 형상을 따라 만드셨습니다. 그러므로

인간은 다른 피조물들과 달리 하나님의 형상을 가지고 있으며 하나님과 교제할 수 있는 영적 존재입니다.

> 하나님이 이르시되 우리의 형상을 따라 우리의 모양대로
> 우리가 사람을 만들고 그들로 바다의 물고기와 하늘의 새와 가축과
> 온 땅과 땅에 기는 모든 것을 다스리게 하자 하시고
> 하나님이 자기 형상 곧 하나님의 형상대로 사람을 창조하시되
> 남자와 여자를 창조하시고 창세기 1:26-27

다. 제3원리: 복음의 필요 - 죄

인류의 조상 아담과 하와가 하나님께 불순종하여 죄를 지은 결과, 모든 인간은 죄 가운데서 죽을 수밖에 없는 운명에 처하였으며 하나님과 단절된 상태에서 가난과 질병, 저주 가운데 살게 되었습니다

> 그러므로 한 사람으로 말미암아 죄가 세상에 들어오고
> 죄로 말미암아 사망이 들어왔나니 이와 같이 모든 사람이 죄를 지었으므로
> 사망이 모든 사람에게 이르렀느니라 로마서 5:12

결국 인간은 죄 때문에 죽음과 고통 속에 살게 되었습니다. 먼저, 하나님과 영적으로 단절되었습니다(영적 사망).

여호와(야훼)의 손이 짧아 구원하지 못하심도 아니요
귀가 둔하여 듣지 못하심도 아니라
오직 너희 죄악이 너희와 너희 하나님 사이를 갈라 놓았고
너희 죄가 그의 얼굴을 가리어서
너희에게서 듣지 않으시게 함이니라 이사야 59:1-2

또한 인간은 육체적으로도 영원히 살 수 없게 되었습니다. 질병으로 고통받고, 결국에는 죽어서 흙으로 돌아가게 됩니다.

네가 흙으로 돌아갈 때까지 얼굴에 땀을 흘려야 먹을 것을 먹으리니
네가 그것에서 취함을 입었음이라
너는 흙이니 흙으로 돌아갈 것이니라 하시니라 창세기 3:19

최종적으로 인간은 마지막 심판 때에 영원한 사망에 들어가게 됩니다.

한번 죽는 것은 사람에게 정해진 것이요
그 후에는 심판이 있으리니 히브리서 9:27

또 내가 크고 흰 보좌와 그 위에 앉으신 이를 보니
땅과 하늘이 그 앞에서 피하여 간 데 없더라……
각 사람이 자기의 행위대로 심판을 받고
사망과 음부도 불못에 던져지니 이것은 둘째 사망 곧 불못이라
누구든지 생명책에 기록되지 못한 자는
불못에 던져지리라 요한계시록 20:11-15

▶▶▶ **복음을 전할 때 처음부터 무조건 예수님을 믿으라고 한다면 아무것도 모르는 사람의 입장에서는 당혹스러울 수 있습니다. 하나님의 사랑이 얼마나 위대한 것인지를 알게 하려면, 먼저 인간이 구원을 절실히 필요로 하는 존재임을 깨닫게 해주어야 합니다.**

라. 제4원리: 복음의 핵심 – 예수 그리스도

죄로 말미암아 하나님과 인간 사이에는 넘을 수 없는 벽이 생겼습니다. 이 죄의 벽은 죄 없는 인간의 피로써만 없앨 수 있습니다. 피 흘림이 없이는 사함이 없기 때문입니다(히브리서 9:22). 그러나 모든 인간은 첫 사람 아담의 원죄를 가지고 태어난 죄인이므로 구원을 갈망하며 몸부림치고 애써도 스스로 죄의 문제를 해결하고 구원받을 수가 없습니다.

하나님께서는 이처럼 절망적인 운명에 처해 있는 인간들을 사랑하사 구원해 주시기 위해 예수님을 보내 주셨습니다. 하나님의 아들 예수님께서는 인간의 몸으로 이 땅에 오셔서 인류의 모든 죄를 담당하시고 십자가에 돌아가심으로 우리의 죗값을 대신하여 치르셨습니다.

> 모든 사람이 죄를 범하였으매 하나님의 영광에 이르지 못하더니
> 그리스도 예수 안에 있는 속량으로 말미암아 하나님의 은혜로
> 값 없이 의롭다 하심을 얻은 자 되었느니라 로마서 3:23–24
>
> 하나님이 죄를 알지도 못하신 이를
> 우리를 대신하여 죄로 삼으신 것은 우리로 하여금
> 그 안에서 하나님의 의가 되게 하려 하심이라 고린도후서 5:21

예수님께서 십자가에 돌아가시기만 했다면 부활의 소망은 없었을 것입니다. 하나님께서는 예수님을 십자가에서 죽으신 지 사흘 만에 죽은 자 가운데서 다시 살리셨습니다. 예수님께서는 죽음을 이기시고 부활의 첫 열매가 되셨습니다.

> 우리 주 예수 그리스도의 아버지 하나님을 찬송하리로다
> 그의 많으신 긍휼대로 예수 그리스도를 죽은 자 가운데서
> 부활하게 하심으로 말미암아 우리를 거듭나게 하사
> 산 소망이 있게 하시며 베드로전서 1:3

죄 사함은 예수님의 십자가의 고난과 죽음이라는 대가를 지불하여 얻게 된 하나님의 은혜입니다. 그리고 예수님의 십자가는 인류 구원의 상징이며, 인류를 향한 하나님의 위대한 사랑을 입증하는 가장 큰 증거입니다.

> 하나님의 사랑이 우리에게 이렇게 나타난 바 되었으니
> 하나님이 자기의 독생자를 세상에 보내심은 그로 말미암아
> 우리를 살리려 하심이라 사랑은 여기 있으니
> 우리가 하나님을 사랑한 것이 아니요
> 하나님이 우리를 사랑하사 우리 죄를 속하기 위하여
> 화목 제물로 그 아들을 보내셨음이라 요한1서 4:9-10

▶▶▶ **일반적으로 '왜 기독교여야만 하느냐?'라고 주장하는 사람들이 있습니다. 기독교에만 구원이 있다고 주장하는 것을 배타적인 태도로 여기는 것입니다. 그러므로 전도자는 스스로는 구원을 얻지 못하는 인간과 그런 인간을 구원할 수 있는 분은 오직 예수님뿐이심을 분명히 증거해야 합니다. 제4원리는 이 두 가지 핵심에 맞추어 전하는 것이 중요합니다.**

마. 제5원리: 복음의 내용 – 영접과 믿음

하나님께서는 예수님을 통해 놀라운 구원의 길을 열어 주셨습니다. 인간이 그 구원의 은혜를 받아 누리려면 그저 '믿기만' 하면 됩니다. 예수님을 나의 구주로 믿고 입으로 시인하면 하나님께서 구원을 선물로 주십니다.

> 네가 만일 네 입으로 예수를 주로 시인하며
> 또 하나님께서 그를 죽은 자 가운데서 살리신 것을 네 마음에 믿으면
> 구원을 받으리라 사람이 마음으로 믿어 의에 이르고
> 입으로 시인하여 구원에 이르느니라 로마서 10:9-10
>
> 너희는 그 은혜에 의하여 믿음으로 말미암아 구원을 받았으니
> 이것은 너희에게서 난 것이 아니요 하나님의 선물이라 에베소서 2:8

예수님을 나의 구주로 믿고 영접하면 하나님의 자녀가 되는 권세를 부여받습니다. 믿음은 내 안에 예수님을 주인으로 모시고, 나 중심이 아닌 하나님 중심으로 살겠다는 삶의 결단입니다.

> 영접하는 자 곧 그 이름을 믿는 자들에게는
> 하나님의 자녀가 되는 권세를 주셨으니 요한복음 1:12

▶▶▶ **인도자는 '아무 공로 없이 구원받을 수 있다는 것', '그 구원은 예수님의 희생으로 인한 은혜라는 것', 이 두 가지 포인트를 놓치지 않아야 한다고 전합니다. 전자만 강조했을 경우, 구원을 쉽게 얻어진 것으로 생각하게 됩니다. 그러므로 전도자는 반드시 그 은혜에 담긴 희생을 강조해 주어야 합니다. 그래야 전도대상자가 입으로만 결신하는 것이 아닌 마음으로 결신할 수 있는 길에 더 가까이 나아가게 됩니다.**

바. 제6원리: 복음의 목표 – 구원과 영생

예수님을 영접하면 구원받고 영생을 얻습니다. 그리고 이 땅에서도 하나님 나라를 경험하며, 하나님의 백성으로서 장차 천국에서 영원히 살게 됩니다.

> 주께서 나를 모든 악한 일에서 건져 내시고
> 또 그의 천국에 들어가도록 구원하시리니
> 그에게 영광이 세세무궁토록 있을지어다 아멘 디모데후서 4:18

우리가 예수님을 영접하는 순간, 예수님께서 우리의 마음속에 들어오심으로 말미암아 우리의 존재 자체와 우리 삶의 전반이 변화됩니다.

> 내가 그리스도와 함께 십자가에 못 박혔나니
> 그런즉 이제는 내가 사는 것이 아니요
> 오직 내 안에 그리스도께서 사시는 것이라
> 이제 내가 육체 가운데 사는 것은 나를 사랑하사
> 나를 위하여 자기 자신을 버리신 하나님의 아들을 믿는
> 믿음 안에서 사는 것이라 갈라디아서 2:20

예수님을 구주로 영접한 사람은 영혼 구원의 축복과 범사에 잘되는 축복, 영육의 강건함의 축복을 누리게 됩니다. 인간의 생명과 생활의 근원인 영혼이 먼저 잘되면, 그 축복이 삶의 모든 활동과 노력, 환경 조건과 상태를 모두 포괄하는 '범사'가 잘되는 축복으로 이어집니

다. 또한 육신의 질병을 고침 받는 강건함의 축복도 누리게 됩니다.

> 사랑하는 자여 네 영혼이 잘됨 같이
> 네가 범사에 잘되고 강건하기를 내가 간구하노라 요한3서 1:2

▶▶▶ **간혹 이 부분을 전하다 보면, '예수 믿는 것'이 곧 '물질적 풍요를 가져다 주는 길'로 착각하여 받아들이는 경우가 있습니다. 전도자는 물질적인 부요함도 가져다 주시지만 무엇보다 참된 평안을 얻게 해준다는 사실을 알려 주어야 합니다. 그리고 그것은 보이는 것으로 만족함을 얻는 것과는 차원이 다름을 알려 주어야 합니다.**

사. 제7원리: 복음의 열매 – 신앙과 교회

구원받은 사람들은 하나님의 위대한 사랑과 예수님의 대속의 은혜에 감사하며 살아가야 합니다. 또한 예수님을 영접한 후에는 이전에 행하던 죄의 습관을 버리고 교회 중심으로 신앙생활을 하며, 모든 상황 속에서 예수님을 신뢰하고 따라야 합니다. 즉, 과거처럼 내 목표나 내 가치관을 따라 살지 않고 하나님의 뜻에 순종하며 성령님의 인도하심을 따라 살아야 합니다.

우리가 알거니와 우리의 옛 사람이 예수와 함께
십자가에 못 박힌 것은 죄의 몸이 죽어 다시는 우리가 죄에게
종 노릇 하지 아니하려 함이니 로마서 6:6

▶▶▶ **복음 증거는 신앙생활의 자리로 이끄는 데까지 나아가야 합니다. 그러므로 교회에 나오도록 권면하는 것은 전도의 마지막 과제가 됩니다. 이때 특정 교회에 나올 것을 강요하는 경우 반감을 가질 수 있으므로 전도자는 전도대상자를 우리 교회로 데려오는 것에 큰 목적을 두어서는 안됩니다. 인도자는 성도 수를 늘리기 위한 전도가 아닌 영혼을 살리는 전도를 해야 함을 강조합니다.**

2. 나의 삶을 증거하기

전도할 때에는 가장 핵심인 복음을 중심으로 메시지를 전해야 합니다. 이때 자신이 하나님을 만난 체험이나 주변 사람의 체험을 함께 전하면 더 효과적입니다. 이런 개인적인 체험의 메시지를 '간증'이라고 합니다.

▶▶▶ **인도자는 복음을 전파하는 것을 신체로 비유할 때, 복음의 내용은 뼈에 해당된다고 설명합니다. 그리고 내용을 설명해 주는 성경 인용 구절은 근육에 해당되며, 우리의 간증과 예화는 살에 해당된다고 설명합니다.**

가. 개인 간증의 유익

성경말씀에 대해서는 간혹 반박이 있을 수 있지만, 간증은 실제로 경험한 것이므로 부담 없이 들을 수 있습니다. 또한 간증은 듣는 사람에게 복음에 관하여 호기심을 갖고 알고 싶어 하게 해줍니다.

나. 간증의 기본적인 내용과 단계

간증에는 간증자가 죄인임을 깨달았다는 사실, 예수 그리스도께서 바로 간증자 자신의 죄를 대속하셨다는 사실, 그리스도를 믿음으로 구원의 확신을 얻게 되었다는 사실, 믿은 후의 변화와 비전, 간증자가 만난 예수님에 대한 내용이 포함되어 있어야 합니다.

전도에 필요한 간증은 세 단계로 구분됩니다.

1) 구원받기 전의 모습

구원받기 전의 어두웠던 삶의 모습을 이야기해 줍니다. 예를 들어서 죄책감, 불안, 죽음에 대한 두려움, 불만, 좌절, 외로움 등에 대해 솔직하게 말해 주면서 구원받지 못한 당시의 삶이 얼마나 공허하고 만족스럽지 못하였는가를 전해 줍니다.

▶▶▶ **특히 이 대목에서는 솔직함이 중요합니다. 예수님을 알기 전 부정적이었던 내 모습을 진솔하게 드러낸다면, 그들은 더욱 마음 문을 열고 듣게 됩니다. 뿐만 아니라 예수님을 믿고 난 후의 상황과 대비되어 구원받은 자의 삶을 더욱 동경할 수 있게 됩니다.**

2) 구원받게 된 계기

무슨 계기로 구원을 받게 되었고, 예수 그리스도를 믿게 된 날 어떤 일이 일어났는지를 알려 줍니다. 그때의 감격과 감정을 실감 나게 전달하는 것도 좋은 방법입니다.

3) 구원받은 후의 모습

구원받기 전의 어두웠던 삶과 대비하여 지금의 삶의 모습에 대해 말해 줍니다. 구원받은 후 얻게 된 기쁨과 삶의 목표에 대하여 들을 때, 전도대상자들은 복음에 흥미를 갖게 될 것입니다.

또한 구원의 확신을 분명히 갖고 있으며 이로 말미암아 '언제든지 이 세상을 떠나도 천국에 가게 된다' 고 확신하고 있음을 보여 줍니다.

▶▶▶ **간증에 있어서 가장 중요한 것은 평상시의 삶입니다. 특히 평소에 알고 지내던 사람을 전도할 경우에는 평상시의 품행과 인격에 더욱 신경을 써야 합니다. 아무리 멋진 간증을 한다고 해도 현재의 삶이 비신자들을 감화시키지 못한다면 그 힘을 잃습니다.**

더불어 나눔

1. 내가 예수님 안에서 누리고 있는 평안과 자유를 생각하면서 비신자들에게 어떤 내용으로 간증을 하면 좋을지 생각해 봅시다.

▶▶▶ 인도자는 예수님을 몰랐을 때의 삶과 지금의 삶을 스스로 비교해 보라고 전합니다. 그동안 예수님 안에서 누리고 있는 평안과 자유가 너무 익숙해진 나머지 그 은혜가 평범하게 느껴졌을 수 있습니다. 그러므로 이번 시간을 통해 그 은혜가 얼마나 대단한 것인지 되새겨 보고, 앞으로 그 기쁨을 간증으로 전할 수 있도록 연습해 보도록 합니다.

2. 복음의 내용을 전하기에 앞서, 내가 먼저 복음의 은혜에 잠겨서 살고 있는지 돌아보는 시간을 가져 봅시다.

▶▶▶ 인도자는 그 은혜에 잠기기 위해 구원받았을 때의 감격을 되새겨 보는 시간을 가져야 한다고 전합니다. 신앙생활을 하다 보면 그 큰 은혜를 잊고 살 때가 많기 때문입니다. 그러므로 첫사랑의 감격을 회복하기 위해 그때의 감격을 매일 되새기고, 구원받아 살게 된 것만으로도 나는 가장 행복한 사람임을 인정할 수 있어야 합니다. 그런 시간이 반복되는 만큼 우리는 하나님의 사랑을 더욱 생생히 느끼며 살아갈 수 있습니다.

마음 밭에 심기

주제 말씀 암송

네가 만일 네 입으로 예수를 주로 시인하며 또 하나님께서 그를 죽은 자 가운데서 살리신 것을 네 마음에 믿으면 구원을 받으리라 사람이 마음으로 믿어 의에 이르고 입으로 시인하여 구원에 이르느니라 로마서 10:9-10

▶▶▶ 이 성구는 오직 믿음만으로 구원을 얻는다는 사실을 보여 주는 대표 성구입니다. 구원의 은혜에 다시금 잠겨서 이 말씀을 함께 읽고 외워봅니다. 전도자가 먼저 이 은혜에 깊이 빠질 때 생명력 있게 복음을 전할 수 있습니다.

마음에 새기기

▶▶▶ 인도자는 마음에 새기기를 통해 이 과에서 배운 내용을 점검하고 중요 내용을 숙지할 수 있어야 한다고 말합니다. 읽을 때에는, 스스로 읽고 복습하는 것도 좋지만 서로 짚어 주는 것이 더 효과적일 수 있습니다. 그러므로 소그룹별로 읽어 볼 수 있도록 유도합니다. 또한 인도자는 한 주에 한 번 이상 이 내용을 각자 체크할 수 있도록 권면합니다.

전도의 핵심은 복음입니다

1. 복음의 주체는 전지전능하신 창조주 하나님이십니다.
2. 복음의 대상은 하나님의 형상에 따라 지음 받은 인간입니다.
3. 복음의 필요는 인간이 죄로 인해 사망 가운데 처하게 되었다는 사실입니다.
4. 복음의 핵심은 하나님의 구원 계획으로 말미암아 예수님께서 이 땅에 오셔서 십자가에서 돌아가신 것입니다.
5. 복음의 내용은 예수님을 영접하고 믿는 것입니다.
6. 복음의 목표는 구원받고 영원한 생명을 얻는 것입니다.
7. 복음의 열매는 교회를 중심으로 신앙생활하며 예수님을 신뢰하고 따르는 것입니다.

전도할 때에는 복음과 더불어 예수님을 증거하기 위한 삶의 간증도 필요합니다

1. 개인 간증은 전도대상자가 복음에 관하여 알고 싶게 해줍니다.
2. 간증에는 죄인이었던 간증자를 위해 예수님께서 대신 죽으셨다는 사실과 간증자가 만난 예수님, 예수님으로 인한 변화 등이 포함되어야 합니다.
3. 구원받기 전의 모습, 구원받게 된 계기, 구원받은 후의 모습을 단계별로 간증하는 것이 좋습니다.

▶▶▶ 인도자는 이 과를 정리하며 마무리합니다. 전도를 할 때 기본적으로 전해야 할 복음의 메시지가 무엇인지를 다시금 기억하고 분명하게 전달하는 연습을 늘 해야 한다고 전합니다.
다음 과에서는 전도에 어떤 종류가 있고, 종류별로 어떤 특징이 있는지를 배우게 된다고 전합니다.

제4과

전도의 종류와 전략

오늘 우리는...
- 이 과를 통해, 전도의 대표적인 종류에 대해서 알게 됩니다.
- 이 과를 통해, 종류에 따른 전도 방법이 무엇인지에 대해 알게 됩니다.

▶▶▶ 인도자는 이 과에서 대표적인 전도의 종류와 방법에 대해서 배우게 된다고 전합니다. 또한 다양한 방법이 제시되는 만큼 무엇보다 실천하려는 마음이 함께 해야 한다고 전합니다.

마음 문 열기

미국에 잭 밀러라는 농부가 있었는데, 그는 전도에 대한 열망으로 가득 차 있었습니다. 하지만 워낙 말이 서툴고 배운 것이 별로 없다는 생각에 엄두를 내지 못했습니다. 그래서 늘 '어떻게 하면 전도할 수 있을까?' 라고 고민하던 중 한 가지 좋은 방법이 떠올랐습니다. 그가 사는 시골에는 1년에 두 번 야생 거위 떼가 날아왔는데, 그 거위 떼를 이용하여 전도하면 좋겠다는 아이디어가 떠오른 것입니다.

그 후 그는 거위 떼가 날아오면 거위들을 그물로 잡아서 다리에 성경구절을 적은 쪽지를 매어 주었습니다. 그렇게 쪽지를 달아 준

거위가 1년에 약 200마리나 되었습니다. 쪽지를 매단 거위들은 겨울이면 남아메리카까지 날아갔고, 여름이면 북방 에스키모들이 사는 곳까지 날아갔습니다.

그 거위들이 날아가는 지역의 사람들은 거위의 다리에 매여 있는 쪽지를 발견하고 그 쪽지에 쓰여 있는 성경구절을 읽었습니다. 그들이 복음의 말씀을 읽을 때 성령님께서 역사하심으로 그들은 변화하기 시작했습니다. 신앙이 식었던 사람들은 뜨거운 신앙을 갖게 되었고, 예수님을 믿지 않던 사람들은 회개하고 하나님께로 돌아왔습니다.

▶▶▶ **인도자는 별거 아닌 것처럼 보이는 쪽지도 생명을 살리는 도구가 될 수 있음을 강조합니다. 그 이유는 쪽지가 전도지가 되는 순간, 하나님의 손에 붙들리기 때문이라고 전합니다.**

여기서 잠깐

내가 가진 재능과 조건들을 어떻게 전도에 활용할 수 있을까요?

▶▶▶ 인도자는 내가 가진 것들이 전도의 도구가 되려면, 먼저 그 재능과 조건들이 나를 드러내는 데 사용되어서는 안 된다고 전합니다. 그리고 하나님이 우리에게 주신 모든 것이 다 전도의 도구가 될 수 있음을 늘 기억해야 한다고 전합니다. 사람들이 칭찬하는 능력만이 전도의 도구가 되는 것이 아닙니다. 대수롭지 않게 보이는 것도 그것을 사용해 전도에 활용하고자 마음먹는다면, 하나님은 그것으로 하여금 놀라운 능력이 되게 하십니다. 이렇게 겸손한 마음을 가지고 하나님의 능력을 신뢰함으로 복음을 전하고자 한다면, 내가 가진 모든 것이 그때마다 전도의 도구로 활용될 수 있을 것입니다.

배움과 익힘

▶▶▶ 인도자는 이 과에서 대표적인 전도의 종류와 방법에 대해서 배우게 된다고 전합니다. 단, 여기에 나오는 전도의 종류들은 대표적인 것일 뿐이며 최근까지 등장한 다양한 전도 방법이 더 있음을 알려 줍니다.

전도에는 많은 종류와 전략이 있습니다. 그중 대표적인 전도의 종류는 다음과 같습니다.

1. 관계전도

가. 관계전도의 의미

관계전도는 '오이코스 전도'라고 하는데 헬라어로 오이코스(οἰκος)

란 가족, 친지, 권속 또는 자신의 소유물 등을 뜻합니다. 말 그대로 관계전도는 가족이나 친구와 같이 가까운 관계에 있는 사람을 대상으로 전도하는 것입니다. 그리고 넓은 의미로는 아직 잘 모르는 사람과 새롭게 친분을 맺어 가면서 복음을 접할 수 있게 하는 것까지 포함합니다.

성경에서도 가까운 곳에 있는 사람부터 전도하기 시작한 경우가 많습니다(빌립, 루디아, 빌립보 감옥의 간수, 고넬료 등). 관계전도는 친분이 있는 사람에게 지속적으로 복음을 증거하는 기회를 갖기 때문에 오늘날에도 성공할 확률이 가장 큰 전도 방법으로 알려지고 있습니다.

나. 관계전도의 방법

1차적으로 구체적인 전도대상자와 전도할 기한을 정해야 합니다. 그 후 전도대상자를 위해 꾸준히 기도합니다. 이처럼 준비가 끝나면 전도대상자와 자주 만나 친해져야 합니다. 특히 새로 친분을 맺어야 하는 경우에는 이 부분을 더 신경 써야 합니다. 그렇게 친해지고 가까워지면서 복음을 전할 기회를 자연스럽게 만들어 갑니다.

무엇보다도 관계전도는 관계 형성을 기반으로 이루어지기 때문에 전도자의 삶이 전도대상자에게 그대로 노출됩니다. 그러므로 일상에서 바른 모습을 보여 주고 덕을 끼쳐야 하며, 복음 증거 후 거부하는 반응이 있더라도 포기하지 말고 관계를 계속 유지해 나가면서 내 삶으로 예수님의 사랑을 드러내고 복음을 전할 기회를 다시 만들어야 합니다.

▶▶▶ 인도자는 오이코스 전도가 결연전도(Web-Evangelism)라고도 불린다고 설명합니다.

▶▶▶ 인도자는 다음에 소개하고 있는 성경의 사례와 추가적인 사례를 좀 더 풀어서 설명합니다.
마태는 예수님을 좇은 후에 자신의 집에 예수님을 초청하여 음식을 잡수시게 하며 많은 세리와 죄인들에게 예수님을 소개했습니다(마태복음 9:9-10). 예수님을 메시아로 확신한 빌립은 나다나엘에게 복음을 전했습니다(요한복음 1:45). 더러운 귀신 들린 거라사인이 예수님을 만나서 정신이 온전하여지자 예수님께서는 그에게 "가족에게 가서 이 일을 고하라"고 말씀하셨습니다(마가복음 5:1-20). 자색 옷감 장수 루디아는 주를 믿은 후에 바울을 자신의 집으로 초청했고(사도행전 16:14-15), 고넬료는 친척과 친구들을 모아 말씀을 들을 자리를 마련했으며(사도행전 10:24), 빌립보 감옥의 간수는 그 집의 모든 사람에게 복음을 전했습니다(사도행전 16:29-32).

▶▶▶ 인도자는 관계전도를 통한 전도가 효과적인데도 주위에 있는 가족과 친척, 친구들에 대한 전도가 잘 안되고 있다면, 다음과 같은 부분을 점검해 보라고 전합니다.

1) 깨어진 관계 : 주위 사람들과의 관계에 문제가 있으면 전도가 어려워집니다. 분열된 관계는 그리스도인의 삶에 있어서 성령의 역사를 방해합니다. 또한 관계가 온전하지 못하면 담대하게 복음을 전할 수 없게 됩니다.

2) 거절에 대한 두려움 : 친한 사람일 경우 혹시 복음을 전하다가 거절당하고 나면 그 관계가 어색하게 될까봐 두려워하는 마음을 강하게 갖게 됩니다. 그러나 하나님이 우리에게 주신 것은 두려워하는 마음이 아니라 오직 능력과 사랑과 절제하는 마음입니다(디모데후서 1:7). 이 말씀을 주장하며 복음을 전하라는 예수님의 명령에 순종할 때, 하나님이 모든 것을 합력해서 선으로 이루어 주실 것입니다.

3) 직접 체험의 부족 : 거룩하신 하나님은 죽은 신앙을 가진 사람 가운데 거하실 수 없습니다. 하나님의 영이 그 사람 안에 거하실 때 그의 육체를 통해서 하나님이 일하시는 것입니다. 곧 내가 성령으로 거듭날 때에만 성령님이 나를 통해 하나님을 나타내실 수 있는 것입니다. 그러므로 담대하게 복음을 전할 수 없다면 우선 자신의 신앙상태와 믿음을 철저하게 점검해 볼 필요가 있습니다.

2. 노방전도

가. 노방전도의 의미

사람들이 많이 모이는 도심지의 번화가, 공원, 역 광장 등지에서 공개적으로 복음을 선포하는 전도 방법입니다. 노방전도에는 사람들이 많이 모인 곳에서 복음을 증거하는 방법과 길에서 사람들을 일대일로 만나서 복음을 전하는 방법이 있습니다. 노방전도는 공개적인 장소에서 전도하는 것이므로 특별히 더 많은 담대함이 요구됩니다.

초대교회 때는 베드로를 비롯한 사도들을 중심으로 노방전도가 많이 이루어졌습니다. 예수님의 이름을 증거하는 것만으로도 박해를 받을 수 있었지만, 사도들은 공개적으로 예수님의 죽으심과 부활을 전파했습니다.

> 베드로가 열한 사도와 함께 서서 소리를 높여 이르되
> 유대인들과 예루살렘에 사는 모든 사람들아
> 이 일을 너희로 알게 할 것이니 내 말에 귀를 기울이라 사도행전 2:14

나. 노방전도의 방법

노방전도는 복음의 메시지만 전달하기도 하지만 그와 더불어 찬양과 워십댄스, 스킷드라마 등을 함께 곁들여서 활용하기도 합니다. 특히 효과적인 노방전도를 위해서는 프로그램을 미리 기획하고 준비하는 것이 좋습니다.

노방전도는 공개적인 장소에서 하는 것인 만큼 공공질서에 위배되지 않도록 주의하는 것이 매우 중요합니다. 담대하게 전도할 필요는 있지만, 덕을 가려서는 안 되기 때문입니다. 큰 소리를 내면 안 되는 공간은 피하는 것이 좋습니다.

▶▶▶ **인도자는 노방전도를 하게 될 경우 누구나 두려움을 가질 수 있다고 전합니다. 낯선 사람에게 복음을 전하게 될 때 거절을 당하거나 인격적인 모욕을 받을 수도 있고 핍박을 받을 수도 있는 것입니다. 그런데 그것은 당연한 현상이므로 그런 마음이 생겼다고 해서 좌절하지 말도록 이야기합니다. 바울 역시 에베소 교회 성도들에게 자신의 두려움을 고백하며 담대함을 갖기 위해 기도 부탁을 했습니다(에베소서 6:19-20). 대신 두려움이 이어지면 안 되므로 서로 기도해 줌으로써 담대함을 겸비해 나가야 합니다.**

3. 축호전도

가. 축호전도의 의미

축호전도(逐戶傳道)는 비신자의 집에 방문하여 전도하는 것입니다. 축호전도는 집 안에서, 비교적 긴 시간동안, 집중적으로 복음을 전할 수 있다는 장점이 있습니다. 예수님께서도 제자들을 보내셔서 집에 방문하게 하셨습니다.

어떤 성이나 마을에 들어가든지 그 중에 합당한 자를 찾아내어
너희가 떠나기까지 거기서 머물라
또 그 집에 들어가면서 평안하기를 빌라 마태복음 10:11-12

나. 축호전도의 방법

방문할 가정이나 지역을 미리 선정하고, 가능하면 방문할 가정의 종교와 가족 관계 등을 먼저 알아 둡니다. 축호전도는 한 번만 방문하는 것이 아니라 지속적으로 해야 효과적입니다. 또한 방문 후에는 그 가정을 위해 기도하고, 교회의 간행물이나 주보 등을 전해 주며 지속적으로 관계를 유지해야 합니다.

만약 거절당하더라도 온화하게 대해야 하며, 방문 시 그 가정이 분주한 경우에는 다음에 다시 방문할 기회를 약속받는 것이 바람직합니다.

▶▶▶ 인도자는 축호전도를 위해 도움이 될만한 다음과 같은 조언을 합니다.

1) 인터넷이나 동사무소를 통해 그 지역의 일반적인 종교 상황을 알 수 있습니다. 그리고 지속적으로 방문하면서 호수별 카드를 만들고 그 가정에 대한 정보를 기록하는 것이 좋습니다.

2) 들어갈 때 오해하지 않도록 자신의 신분을 분명히 밝혀야 합니다.

3) 방문할 때 무엇인가 칭찬할 만한 것을 골라서 진심으로 칭찬해 주어야 합니다. 그리고 시종일관 상대방의 말을 잘 들어주어야 합니다. 그러나 축호전도는 전도를 위한 방문이기 때문에 대화가 토론이나 논쟁이 되지 않도록 주의하고 복음에 대해 솔직하게 말해야 합니다.

4) 돌아가야 할 시간이 되면 결신 유무와 상관없이 기도로 마쳐야 합니다. 그 가정을 축복하며 기도하고, 성령님이 임재하셔서 그 가정을 변화시켜 주시도록 기도해야 합니다.

▶▶▶ 축호전도 때 필요한 준비물에는 성경, 전도지, 교회 안내서, 교회의 간행물, 새가족 가이드 등이 있습니다.

4. 소그룹전도

가. 소그룹전도의 의미

소그룹전도는 두 명 내지 수십 명의 훈련받은 그리스도인이 협력하여 복음을 증거하는 것입니다. 예수님께서는 제자를 파송하실 때 둘씩 짝지어 보내셨고(마가복음 6:7; 누가복음 10:1), 사도 바울도 팀을 만들어 사역했습니다(사도행전 15:40; 로마서 16:21).

소그룹전도는 지체 간의 연합과 헌신을 배우게 해주며, 서로를 위해 중보를 할 수 있으며, 거절, 실패, 핍박 등에 대한 두려움을 감소시킬 수 있다는 장점이 있습니다.

> 주를 섬겨 금식할 때에 성령이 이르시되
> 내가 불러 시키는 일을 위하여 바나바와 사울을
> 따로 세우라 하시니 사도행전 13:2

나. 소그룹전도의 방법

지역별, 혹은 대상별로 전도 팀을 정하여 팀별로 전도 전략을 선택한 후, 전략 실행을 위해 구체적인 계획을 세웁니다. 소그룹전도는 함께 움직이면서 복음을 전하는 것이므로 한마음이 되는 것이 매우 중요합니다. 그러므로 전도하러 나가기 전에 모임을 갖고 기도와 말씀으로 준비하는 것이 우선되어야 합니다.

소그룹전도는 노방전도의 방식으로 길에서도 할 수 있고, 축호전도처럼 집이나 학교 등을 방문하여 할 수도 있습니다. 인원이 여러 명일 때에는 누가 어떻게 말씀을 전달할지 역할 분담을 분명히 해야 합니다.

▶▶▶ 개인전도가 반드시 필요하지만, 혼자서는 능력과 시간에 있어서 한계가 있는 것이 사실입니다. 하나님은 우리 각자에게 각양각색의 다른 은사를 허락하셨고 어느 특정 영역의 전문가로 만드셨습니다. 그러므로 혼자 할 때보다 팀을 만들어 서로 협력할 때 더 놀라운 힘을 발휘할 수 있습니다.

▶▶▶ 인도자는 그룹으로 전도하는 것이 전도에 있어서도 효율적이지만, 성도들 개인의 훈련에 있어서도 많은 유익을 가져다 준다고 설명합니다. 사역을 함께 하다 보면 각자의 삶이 자연스럽게 드러나고, 그 과정에서 나타나는 아름다운 모습은 함께 공유할 수 있기 때문입니다. 또한 어두운 부분은 서로 보듬어 줄 수 있기 때문입니다. 그룹으로 전도하면 그 가운데서 서로를 섬기는 삶을 배우게 됩니다.

5. 문서전도

가. 문서전도의 의미

문서전도란 말 그대로 책자나 전도지 등의 문서를 통해 전도하는 것입니다. 인쇄 작업을 거쳐서 나온 것만이 아니라 손으로 직접 쓴 편지나 쪽지로 복음을 전하는 것도 문서전도입니다.

복음을 담은 문서를 널리 보급하는 것은 그릇되고 부패한 길로 가는 사람들로 하여금 복음을 읽고 돌이켜 그리스도를 영접하여 구원받고 하나님의 자녀로 변화받게 하는 전도 방법입니다. 그러므로 문서를 직접 기획하고 작성하는 전문적인 문서 사역자들만이 아니라 그리스도인 모두가 문서 사역자임을 기억하며 문서전도에 임해야 합니다.

> 그러므로 나는 할 수 있는 대로 로마에 있는 너희에게도
> 복음 전하기를 원하노라 로마서 1:15

나. 문서전도의 방법

오늘날에는 예전과 비교할 수 없을 만큼 책, 잡지, 신문, 전단지를 만드는 기술이 발전했습니다. 이것은 복음을 담은 문서가 더욱 양질의 것으로 발전할 수 있도록 하나님께서 기회를 열어 주신 것입니다. 그러므로 문서 사역에 관련된 달란트를 받은 사람들은 복음을 담은 문서가 효과적인 전도의 도구가 되도록 자신의 달란트를 적극 활용해야 합니다.

특히 오늘날에는 각종 분야에 온라인 시스템이 구축되어 있습니다. 이것은 문서전도의 새로운 장을 열어 주었습니다. 인터넷을 통해 사탄의 문화가 더욱 급속하게 침투하는 만큼, 우리는 전자책(e-book)이나 인터넷 홈페이지, 스마트 폰, SNS(소셜 네트워크 시스템) 등을 활용하여 최첨단 문서전도에 총력을 기울여야 합니다.

▶▶▶ **문서전도를 통해 비신자에게 내용면에서 큰 영향력을 줄 수 있는 서적을 만들어야 합니다. 우리가 하나님께서 주신 달란트를 적극 활용하여 내용의 질을 높인다면, 하나님을 모르는 사람들도 성경적인 메시지를 담은 책들을 접하게 됩니다. 성경을 직접적으로 전하지 않는다 해도 현대인들이 고민하고 괴로워하는 각종 인생의 문제들을 성경적인 가치관에 입각하여 해결책을 찾아 준다면 그 역시 전도의 방편이 될 수 있습니다. 이는 하나님께 향하는 길을 트는 데에 도움을 주기 때문입니다.**

그러므로 문서전도에 사명을 가진 자들은 세상 사람들보다 더 많은 연구를 해야 합니다. 세상 사람들이 세속적인 세계관을 알리기 위해 투자하는 것보다 더 많이 공부하고 기도로 준비해야 합니다.

6. 행사전도

가. 행사전도의 의미

행사전도는 총동원 전도 잔치, 문화 공연 등과 같은 행사에 비신자를 초청하여 복음을 전하는 방법입니다. 이 방법을 통해 비신자들은 행사에 부담 없이 참석하여 자연스럽게 복음을 들을 수 있고 전도자는 짧은 시간동안 많은 사람에게 복음을 제시할 수 있다는 장점이 있습니다. 반면에 일회성 행사로 그칠 수 있다는 것이 단점입니다. 그러므로 전도를 받은 사람들 한 영혼 한 영혼을 귀하게 여기고 지속적인 관심을 가져야 합니다.

나. 행사전도의 방법

먼저 교회 주변에 어떤 사람들이 살고 있는지, 그들이 무엇을 원하고 무엇을 기대하고 있는지를 파악해야 합니다. 가령, 중년층이 많다면 중년기에 가질 수 있는 심리적인 중압감을 덜어 주는 강연회나 자녀 교육 프로그램 등을 할 수 있을 것입니다. 그리고 행사의 명칭은 '부흥회'나 '성령대망회' 대신 익숙하고 친근한 용어로 정하는 것이 좋습니다.

효과적으로 열매 맺는 행사전도를 위해서는 우선 지역 사회의 정서와 필요를 이해하고 그에 적합한 행사를 기획해야 합니다. 그리고 일시적인 행사로 끝나지 않도록 전도를 받은 사람들에 대한 후속 조치를 마련해야 합니다.

▶▶▶ 인도자는 행사전도의 실례를 다음과 같이 들어 줍니다.
총동원 주일, 불신남편초청 주일, 유명인사초청 특강, 청소년을 위한 길거리 농구대회, 열린예배, 음악회, 문화축제 등

▶▶▶ 행사전도를 준비할 때의 주의점

1) 다른 교회가 안 하는 것을 준비하기
다른 교회에서도 충분히 할 수 있는 것은 그만큼 희소가치가 떨어집니다. 지역 주민에게 강한 인상을 남기기 위해서는 새로운 것을 시도해야 합니다.

2) 철저한 계획을 세우기
행사전도에서 성공하기 위해서는 1년 앞을 내다보고 차분하고 꼼꼼하게 준비해야 합니다. 모든 일이 그렇지만 준비한 만큼, 기도한 만큼, 공을 들인 만큼 성공할 수 있습니다.

더불어 나눔

1. 지금까지 전도해 본 경험 중 가장 효과적이었다고 생각하는 방법에 대해 나누어 봅시다.

▶▶▶ 인도자는 이 과에서 배운 전도의 종류 가운데서 적어도 하나 이상은 대답이 나올 수 있도록 인도합니다. 만약 제시된 전도 방법 외에도 나눌 만한 방법이 있다면 함께 공유해 봅니다. 또한 구체적인 방법이나 제안이 있다면 나누어 봅니다.

2. 어떤 방법으로 전도하든 담대함을 잃지 않게 해달라고 기도하고 결단하는 시간을 가져 봅시다.

▶▶▶ 누구나 두려워하거나 쑥쓰러워 할 수 있습니다. 하지만 두려움을 계속 가진다면 전도에 방해가 될 수도 있습니다. 그러므로 인도자는 담대함을 주시는 성령님께 도움을 구하며 기도하자고 전합니다.

마음 밭에 심기

주제 말씀 암송

베드로가 열한 사도와 함께 서서 소리를 높여 이르되 유대인들과 예루살렘에 사는 모든 사람들아 이 일을 너희로 알게 할 것이니 내 말에 귀를 기울이라 사도행전 2:14

▶▶▶ 베드로의 노방전도 상황을 잘 드러내고 있는 성구입니다. 인도자는 이때의 상황을 상상하면서 그 담대함이 우리 가운데에도 임하기를 기도하자고 권면합니다. 우리도 이 시대의 베드로와 같은 일꾼이 될 수 있음을 기억하도록 합니다.

마음에 새기기

▶▶▶ 인도자는 마음에 새기기를 통해 이 과에서 배운 내용을 점검하고 중요 내용을 숙지할 수 있어야 한다고 말합니다. 읽을 때에는, 스스로 읽고 복습하는 것도 좋지만 서로 짚어 주는 것이 더 효과적일 수 있습니다. 그러므로 소그룹별로 읽어 볼 수 있도록 유도합니다. 또한 인도자는 한 주에 한 번 이상 이 내용을 각자 체크할 수 있도록 권면합니다.

관계전도는 개인전도 방법 중 가장 대표적인 방법입니다

1. 관계전도는 친밀한 관계를 맺어 가면서 자연스럽게 복음을 증거하는 것입니다.
2. 관계전도를 위해서는 먼저 구체적인 전도대상자와 전도 기간을 정한 후 기도로 준비해야 합니다.

노방전도는 공개적인 장소에서 전도하는 것입니다

1. 노방전도는 많은 사람을 대상으로 복음을 증거하거나 길에서 만나는 사람들을 일대일로 전도하는 것입니다.
2. 노방전도를 할 때에는 담대함을 갖되 질서를 지키려는 자세가 필요합니다.

축호전도는 직접 집에 방문하여 전도하는 것입니다

1. 축호전도는 집중적으로 복음에 대해 설명할 수 있는 전도 방법입니다.
2. 일회성으로 끝내지 말고 지속적으로 관심을 가지고 복음을 계속 전해 주어야 합니다.

소그룹전도는 두 명 이상의 인원이 전도하는 것입니다

1. 팀을 짜고 팀별로 한마음이 되어서 전도하는 것이 중요합니다.
2. 노방전도나 축호전도의 방법으로 실행할 수 있습니다.

문서전도는 문서를 통해서 전도하는 것입니다

1. 인쇄물이나 손으로 쓴 편지, 쪽지 등을 통해 복음을 전하는 것입니다.
2. 오늘날에는 온라인 매체 등을 통해 더욱 다양하게 복음을 전할 수 있습니다.

행사전도는 행사에 참여하게 하여 자연스럽게 복음을 접할 수 있게 하는 것입니다

1. 행사의 명칭부터 사람들에게 친숙하게 다가가야 합니다.
2. 일시적인 행사로 끝나지 않도록 후속 조치가 있어야 합니다.

▶▶▶ 인도자는 이 과를 정리하며 마무리합니다. 전도의 종류가 다양한 만큼 어느 곳에서나 다양한 방법으로 전도할 수 있다는 가능성을 기억하라고 다시금 강조합니다.
다음 과에서는 전도자가 갖춰야 할 태도 및 자세에 대해 배워보고 전도자로서 그 자세를 다시 한 번 겸비하는 시간을 갖게 될 것입니다.

Tip 한국 교회사의 문서전도

1) 성경을 통한 문서전도

1873년에 존 로스 목사는 한국인 선교에 더욱 큰 관심을 가지고 성경 번역 사업에 착수했습니다. 그러던 중, 상인이었던 서상륜을 만나게 되었고 복음을 접한 서상륜은 번역에 동참하기로 합니다. 그렇게 해서 최초로 한글판 쪽 복음성경인 『예수셩교누가복음서젼』을 완성했습니다(1882년). 이후 학자였던 이수정이 일본에 건너갔다가 신앙을 받아들이게 되었고, 1884년 그곳에서 한글판 『마가복음』을 번역하여 출간했습니다. 그리고 1887년, 드디어 『예수셩교젼서』라는 신약성경이 출간되었습니다. 이런 작업을 시작으로 한국 교회는 꾸준한 성경 번역과 보급으로 문서전도에 힘써왔습니다.

2) 전도지와 책자를 통한 문서전도

한국 교회 초대 선교사들은 복음에 관련된 많은 서적을 출판했습니다. 대표적으로 아펜젤러는 삼문출판사를 통해 「코리안 리파지토리(The Korea Repository)」, 〈조선 그리스도인 회보〉 및 〈그리스도 신문〉 등의 정기간행물을 발간했습니다. 특히 〈그리스도 신문〉은 한국 정부가 따로 450부를 신청하기도 했던 신문입니다. 관리들은 그 신문을 함께 읽었고 왕실에서도 그 신문을 가져다 읽었습니다.

3) 백만인 구령운동과 문서전도

1909~1910년에 '백만인 구령운동'이 일어났습니다. 이 운동을 계기로 많은 전도지와 복음서를 보급했으며, 이 기회를 통해 70만 권의 복음서와 수백만 장의 전도지가 전국 방방곡곡에 배부되었습니다.

지침서

제5과

전도자의 이미지

오늘 우리는...

- 이 과를 통해, 전도자가 전도할 때 가져야 할 마음에 대해 알게 됩니다.
- 이 과를 통해, 전도자가 전도할 때 지켜야 할 자세에 대해 알게 됩니다.

▶▶▶ 이 과에서는 전도자가 가져야 할 마음과 모습을 살펴보게 됩니다. 인도자는 이를 통해 전도자로서 자기 자신을 훈련하는 시간을 가져보자고 전합니다. 앞서 배운 전도의 이론과 더불어 바른 자세가 겸비된다면, 더욱 크게 쓰임 받는 전도자가 될 수 있을 것입니다.

마음 문 열기

근대 선교의 아버지이자, 창시자로 불리는 윌리엄 캐리는 아주 가난한 가정에서 태어나 한때 구두를 만들기도 했고 야간학교에 나가서 가르치기도 했습니다. 그런 그가 주의 종으로 부름 받은 후 세계 선교에 대한 불타는 소원을 갖게 되었습니다.

그러던 어느 날 그는 목회자 모임에 가서 "저는 복음을 들고 땅끝까지 나가 선교하기 원합니다."라고 말했습니다. 그러자 그곳에 있던 나이 많은 목사님이 "젊은이, 앉게. 하나님께서는 자신이 기뻐하는 일을 혼자서 하실 수 있다네. 자네의 도움 없어도 넉넉히 세계를 구원하실 수 있다네."라고 말했습니다. 젊은 사람이 많은 목회자 앞에서 세계를 대상으로 선교하겠다고 당돌하게 말하는 것이 귀에 거슬려 책망한 것입니다.

그러나 그의 마음에 불타는 선교 열정은 누구도 막을 수가 없었습니다. 결국 그는 복음을 들고 인도로 건너가 평생을 헌신하며 예수님의 복음을 전했습니다. 그 결과 가난한 집에서 태어나 아무도 알아주지 않던 그가 현대 선교 역사 가운데 가장 위대한 업적을 남기게 된 것입니다.

▶▶▶ 인도자는 예화에서 나이 많은 목사가 한 말에 주목해 보도록 합니다. 우리도 어떤 중요한 일 앞에서 '하나님이 다 하시니 우리는 할 것이 없어' 라고 생각한 적은 없습니까? 물론 하나님은 혼자서 능히 다 하실 수 있으시지만 우리에게 사명을 주시고 함께 동역하시길 원하십니다. 그러므로 윌리엄 캐리처럼 하나님과 동행하고 동역하려는 사람이 되기를 힘써야 합니다. 또한 '하나님이 다 하시니 난 안 해도 돼' 라고 생각하는 것보다 '하나님과 동일한 마음을 품고 하나님의 일에 동참해야지' 라고 생각하는 것이 하나님의 능력을 더욱 의지하는 것입니다.

여기서 잠깐

전도자로 쓰임받기 위해 갖추어야 할 가장 중요한 조건은 무엇일까요?

▶▶▶ 인도자는 하나님께서 준비된 자를 쓰신다는 사실을 기억하라고 전합니다. 그리고 그 준비란, 물질적이고 외형적인 능력이 아니라 영혼에 대한 하나님의 마음과 사랑을 품는 것이라고 전해 줍니다. 아무리 전도 이론에 대해서 박식하다 하더라도 실제로 전도하려는 뜨거운 각오가 없다면 전도의 열매를 맺을 수 없습니다.

배움과 익힘

▶▶▶ 일반적으로 전도를 하거나 선교를 나가려고 하면, 외부적인 요인을 고려하기 쉽습니다. 비용이 얼마나 들지, 지식과 언변 같은 전도에 적합한 능력을 갖추었는지 등을 자연스럽게 따지게 됩니다. 그러나 오히려 그런 부분은 하나님께서 책임져 주십니다. 가장 중요한 것은 '하고자 하는 마음'입니다. 그것은 하나님의 마음을 동일하게 품는 것이기에 그 마음 하나만으로도 하나님은 우리를 전도자로 들어 쓰십니다.

1. 전도자가 가져야 할 마음

가. 순종의 마음

1) 하나님의 일꾼임을 늘 기억하기

우리는 하나님의 자녀인 동시에 하나님께 쓰임 받는 일꾼입니다. 그러므로 우리는 주인이신 하나님의 명령에 반드시 순종해야 합니다. 우리가 복음을 위해 부름 받은 일꾼이라는 정체성을 가지면, 어느 때

나 전도의 명령에 순종하고자 노력하게 될 것입니다.

> 이 복음을 위하여 그의 능력이 역사하시는 대로
> 내게 주신 하나님의 은혜의 선물을 따라
> 내가 일꾼이 되었노라 에베소서 3:7

2) 순종하신 예수님을 본받기

전도자는 하나님의 명령을 깨닫고 끊임없이 그 명령대로 실천해야 합니다. 예수님께서 죽기까지 순종하셨음을 기억하면서 우리도 예수님을 본받아 하나님의 명령에 죽기까지 순종해야 합니다.

> 사람의 모양으로 나타나사 자기를 낮추시고
> 죽기까지 복종하셨으니 곧 십자가에 죽으심이라 빌립보서 2:8

3) 순종하는 자에게 임하는 축복을 기억하기

우리가 자원하는 마음으로 순종하면 하나님께서 우리의 쓸 것을 채워 주십니다. 또한 은혜가 넘쳐 우리가 항상 기쁨을 누리며 살 수 있게 해주십니다(고린도후서 9:8). 전도자는 이러한 축복의 약속을 기억하면서 하나님의 명령에 순종하며 헌신해야 합니다.

> 나의 하나님이 그리스도 예수 안에서
> 영광 가운데 그 풍성한 대로
> 너희 모든 쓸 것을 채우시리라 빌립보서 4:19

▶▶▶ 인도자는 우리가 하나님의 자녀임과 동시에 하나님께 인정받는 일꾼임을 짚어 줍니다. 가정 안에서도 같은 자녀이지만 철이 없어 말을 잘 듣지 않는 자녀가 있습니다. 반면에 부모의 말에 순종하면서 성실히 살아가는 철든 자녀가 있습니다. 구원의 은혜를 입은 하나님의 자녀 역시 마찬가지입니다. 하나님을 투정의 대상으로만 생각하는 사람이 있습니다. 간구할 때는 하나님을 신뢰한다면서 열심히 간구하지만, 조금이라도 문제가 생기면 원망합니다. 하나님이 맡겨 주신 일보다 자신이 하고 싶은 것을 하기에 급급합니다. 반면에 하나님의 뜻을 최우선에 두고 그 뜻에 따라 사는 데에 집중하는 자녀가 있습니다. 이런 자녀는 하나님의 최고 명령인 전도에 힘쓰게 됩니다.

나. 영혼을 사랑하는 마음

1) 영혼을 긍휼히 여기는 마음

예수님께서는 한 사람의 영혼이 천하보다 귀하다는 것을 가르쳐 주셨습니다. 전도자는 무엇보다도 영혼을 사랑하는 마음을 가져야 합니다.

> 사람이 만일 온 천하를 얻고도 제 목숨을 잃으면 무엇이 유익하리요
> 사람이 무엇을 주고 제 목숨과 바꾸겠느냐 마태복음 16:26

2) 적극적으로 찾아가서 전도하기

예수님께서는 갈릴리 바다에서 고기잡이를 하는 베드로와 안드레 형제를 보시고 "나를 따라오라 내가 너희를 사람을 낚는 어부가 되게 하리라"(마태복음 4:19)고 말씀하셨습니다. 오늘날도 예수님께서는 우리를 '사람을 낚는 어부'로 만들기 원하십니다. 어부가 바다에 나가서 그물을 던져 물고기를 잡듯이, 우리도 세상에 나가서 전도할 대상자

를 찾아 복음의 그물을 던져야 합니다. 영혼을 사랑하는 마음으로 전도를 하는 데에 열심을 내어 한 영혼이라도 더 주님께로 인도하기 위해 전도대상자를 찾아 나서야 합니다.

3) 모든 사람을 차별 없이 사랑하고 존중하기

예수님께서는 사람을 외모로 보지 않고 오직 진리로써 하나님의 도를 가르치셨습니다(누가복음 20:21). 예수님께서는 유대인 무리에게 하나님 나라에 대하여 말씀하셨으며(마태복음 5:1-48), 우물가에 물을 길러 온 사마리아 여인에게 영생의 복음을 전해 주셨고(요한복음 4:1-42), 세리장이며 죄인인 삭개오의 집에서 음식을 잡수시며 구원의 복음을 전하셨습니다(누가복음 19:1-10). 이처럼 예수님께서는 대상과 장소를 가리지 않고 복음을 전하셨습니다. 구원은 예수님을 믿는 모든 사람에게 차별 없이 주시는 하나님의 은혜입니다. 하나님께서 모든 믿는 사람에게 구원의 큰 은혜를 값없이 주셨듯이, 전도자는 모든 사람을 사랑하고 존중하는 마음으로 대해야 합니다.

> 성경에 이르되 누구든지 그를 믿는 자는
> 부끄러움을 당하지 아니하리라 하니
> 유대인이나 헬라인이나 차별이 없음이라
> 한 분이신 주께서 모든 사람의 주가 되사
> 그를 부르는 모든 사람에게 부요하시도다
> 누구든지 주의 이름을 부르는 자는
> 구원을 받으리라 로마서 10:11-13

그리스도께서 너희를 사랑하신 것 같이
너희도 사랑 가운데서 행하라
그는 우리를 위하여 자신을 버리사
향기로운 제물과 희생제물로
하나님께 드리셨느니라 에베소서 5:2

4) 인내하며 기도하고 기다리기

한 영혼의 구원을 위해서 오래 참고 기도해야 합니다. 복음을 받아들이기를 거부하고 공격하더라도 포기하지 말고 인내하면서 기도하고 계속해서 말씀을 전해야 합니다.

눈물을 흘리며 씨를 뿌리는 자는 기쁨으로 거두리로다
울며 씨를 뿌리러 나가는 자는 반드시
기쁨으로 그 곡식 단을 가지고 돌아오리로다 시편 126:5-6

5) 영육 간의 상처를 돌보아 주기

아담이 타락한 이후 모든 사람이 저마다 상처를 안고 살아갑니다. 죄의 상처, 사업 실패의 상처, 마음의 상처 등으로 인하여 인간의 삶은 깊은 어둠의 골짜기를 지나가는 것과도 같습니다. 이러한 상처를 돌보아 주면서 전도의 길을 트는 것도 좋은 방법이 될 수 있습니다.

▶▶▶ 인도자는 영혼을 사랑하는 마음이 하나님께서 위로부터 주신 사명감임과 동시에, 다른 사람의 영혼을 구원하기 위한 간절함에서 우러나오는 마음이라고 전합니다. 전도자에게는 구원의 확실한 체험과 함께 전도하고 싶어 견딜 수 없는 마음이 있어야 합니다. '우리 부모, 형제, 자매, 친구들이 지금 멸망의 수렁 속으로 빠져 들어가고 있다. 내가 지금 그들을 구출하지 않으면 저들은 영원히 불타는 지옥으로 들어갈 것이다.' 이러한 상황을 잘 알고 있는 그리스도인이라면 복음을 통한 구원의 생명줄을 던지지 않을 수 없을 것입니다.

다. 두려움을 몰아내는 담대한 마음

1) 거절에 대한 두려움을 버리기

전도를 하다 보면 복음을 받아들이기를 거부하는 사람들이 있습니다. 그러나 이것은 꼭 전도자의 실수 때문만은 아닙니다. 전도자가 말하는 방식 때문에 거절당하는 것은 전하는 메시지의 내용 때문에 거절당하는 것과 큰 차이가 있습니다. 전도자가 강압적이거나 말다툼하듯이 대해서 거절당했다면 전도자의 책임이지만, 성령님께서 그들의 양심을 통해 죄를 지적하시므로 거절한다면 전도자가 자책할 일이 아닙니다.

2) 체면 손상에 대한 두려움을 버리기

전도자는 사람들이 자기를 어떻게 생각하는지 신경 쓰기보다는 하나님께서 어떻게 생각하시는지에 대하여 더 많은 관심을 기울여야 합니다. 두려움 때문에 자신의 행동을 제한한다면 이미 두려움의 노예가 된 것입니다. 체면 손상에 대한 두려움을 극복하는 가장 좋은 방법은 체면을 버리는 것입니다.

3) ‘틀리지 않을까’ 에 대한 두려움을 버리기

‘틀린 말을 하면 어쩌나?’, 혹은 ‘대답할 수 없는 질문을 받으면 어떻게 하나?’ 라는 두려움이 생길 때가 있습니다. 그러므로 전도에 대해서 자신이 없거나 틀리기 쉬운 부분이 있다고 생각될 때에는 더 철저하게 준비해야 하며, 전도 프로그램 등에 참석하여 자신의 부족한 면을 채워야 합니다. 우리가 하나님께 구하고 힘써 준비한다면 두려움은 사라질 것입니다.

> 너희 중에 누구든지 지혜가 부족하거든
> 모든 사람에게 후히 주시고 꾸짖지 아니하시는 하나님께 구하라
> 그리하면 주시리라 야고보서 1:5

▶▶▶ 많은 그리스도인이 복음을 전하는 일에 주저하는 이유는 ‘자신의 생활이 온전하지 못하다’ 는 자책감 때문입니다. 그러나 이것은 사탄의 참소입니다(요한계시록 12:10). 복음 전도자가 전하는 것은 자신의 생활이 아니라 오직 예수님과 복음입니다. 전도자가 완전할 수는 없으나 주님께서 과거의 죄, 현재의 죄, 미래에 지을 죄까지 담당하셨다는 사실을 믿고 담대함과 자신감을 가져야 합니다. 물론 무지막지함과 담대함은 구별되어야 합니다. 상대방을 배려하지 않고 일방적으로 복음을 전하는 자세는 담대함과 거리가 멉니다. 담대함은 성령께서 주시는 마음입니다(사도행전 4:31).

2. 전도자가 갖추어야 할 자세

가. 겸손함으로 전도하기

전도자는 오직 예수 그리스도만을 자랑해야 합니다. 전도하면서 자기 자랑을 하거나 전도대상자를 무시하는 태도를 보여서는 안 됩니다.

> 형제들아 너희를 부르심을 보라
> 육체를 따라 지혜로운 자가 많지 아니하며
> 능한 자가 많지 아니하며 문벌 좋은 자가 많지 아니하도다
> 그러나 하나님께서 세상의 미련한 것들을 택하사
> 지혜 있는 자들을 부끄럽게 하려 하시고
> 세상의 약한 것들을 택하사 강한 것들을 부끄럽게 하려 하시며
> 하나님께서 세상의 천한 것들과 멸시 받는 것들과
> 없는 것들을 택하사 있는 것들을 폐하려 하시나니
> 이는 아무 육체도 하나님 앞에서 자랑하지 못하게 하려 하심이라
> 너희는 하나님으로부터 나서 그리스도 예수 안에 있고
> 예수는 하나님으로부터 나와서 우리에게
> 지혜와 의로움과 거룩함과 구원함이 되셨으니
> 기록된 바 자랑하는 자는 주 안에서 자랑하라 함과
> 같게 하려 함이라 고린도전서 1:26-31

전도하면서 여러 부류의 사람들을 접하다 보면 냉소적인 반응을 보이거나 비판하며 대적하는 사람들이 많이 있습니다. 그러나 그럴 때에도 겸손한 자세로 끝까지 온 힘을 다해야 합니다.

▶▶▶ 예수 그리스도의 십자가는 우리가 본받아야 할 겸손의 상징입니다. 하나님께서 인간이 되셔서 가장 비참하고 천한 형벌을 받으신 겸손의 극치입니다. 주님께서는 이 땅에 섬기러 오셨다고 말씀하실 정도였습니다. 또한 우리의 구원은 값없이 선물로 받은 것이므로 우리의 어떤 것으로도 자랑할 수가 없습니다(에베소서 2:8). 오직 우리의 자랑은 예수 그리스도이십니다. 자랑을 하되 예수님만을 자랑해야 합니다. 인도자는 이 사실을 알려 주면서 전도자는 이웃을 섬기는 자세로 겸손하게 복음을 증거 해야 한다고 전해 줍니다.

나. 온유함으로 전도하기

전도에 있어서 온유함이란 사람들에게 불쾌감과 거부감을 주지 않고 자연스럽게 접근하는 부드러움을 말합니다. 전도자는 이런 자세를 가지고 복음을 전함으로써 불쾌한 일이 발생하지 않도록 해야 합니다. 특히 전도대상자는 교회에 관한 지식이 많지 않으므로 타 교파나 교회 혹은 성도에 대하여 비판하지 말아야 합니다. 우리 교회에만 데려오면 된다는 마음으로 다른 교회를 비판한다면, 그것은 오히려 하나님의 뜻을 저버리는 것입니다.

▶▶▶ 예수님을 올바로 증거하기 위해서는 삶에서 예수님의 온유함이 드러나야 합니다(마태복음 11:29). 온유함을 갖기 위해서는 무엇보다 나 자신을 부인하고 내려놓는 일이 필요합니다. 주님과 복음을 위해 나 중심이 아닌 예수님 중심, 복음 중심이 되면 어떤 불미스러운 상황 앞에서도 온유함으로 대할 수 있습니다(마가복음 10:29-30).

다. 항상 예의를 갖추기

전도할 때 전도대상자가 어색해하지 않도록 미리 자신을 소개할 필요가 있습니다. 예를 들어 "저는 ○○○ 입니다(함께 전도하는 사람이 있을 경우에는 같이 소개함). 저는 ○○ 교회에서 왔습니다."라고 소개하는 것이 좋습니다. 이렇게 소개하는 것은 예의일 뿐 아니라 상대방을 안

심시킬 수 있는 방법입니다.

특히 방문하여 전도할 경우에는 양해를 충분히 구한 후에 들어가야 합니다. 만약 전도대상자가 바빠서 들어갈 수 없을 때에는 지혜롭게 인사만 나누고 나와야 합니다. 바쁜 와중에 굳이 들어가서 전도하려고 하면 오히려 좋지 않은 인상을 주게 됩니다.

예의 없는 전도자는 전도할 기회를 잃기 쉽습니다. 예의를 갖추고 바른 몸가짐으로 전도할 때 지속적인 관계를 가질 수 있습니다.

▶▶▶ **비신자인 전도대상자는 전도자가 조금만 거슬리는 행동을 해도 불쾌함을 가질 수 있습니다. 이 때문에 복음을 받아들이는 것 자체를 꺼릴지도 모릅니다. 반대로 예의를 잘 갖추면 복음에 대해 관심이 없다고 할지라도 전도자의 행동에 감동을 받고 복음에 대한 긍정적인 생각을 가질 수 있습니다. 인도자는 예의를 갖추기 위해 노력하고, 자연스럽게 예의가 우러나올 수 있도록 평소에 예의를 갖추는 습관을 갖자고 말합니다.**

더불어 나눔

1. 전도할 때 예의를 갖춤으로써 전도대상자에게 좋은 인상을 심어 주었던 기억이 있다면 함께 나누어 봅시다.

▶▶▶ 인도자는 이 나눔을 통해 배워야 할 점은 서로 배울 수 있도록 진행합니다. 가령, 표정이나 말투 등에서 배워야 할 점이 있다면 그 자리에서 연습하는 시간도 마련해봅니다. 또한 전도자의 작은 태도 하나 하나가 전도대상자에게는 중요하고 의미있게 다가올 수 있음을 기억하라고 전합니다.

2. 전도할 때 생기는 두려움이 있다면 하나님 앞에 내려놓고 담대함을 갖게 해 달라고 함께 기도하는 시간을 가져 봅시다.

▶▶▶ 인도자는 겁쟁이였던 예수님의 제자들도 성령님의 도우심으로 놀라운 전도자가 될 수 있었음을 기억해 보자고 전합니다. 우리가 기도하고 성령님을 의지함으로 나아가면 분명히 담대함으로 복음을 전파하는 일꾼이 될 수 있다고 자신감을 심어 줍니다.

마음 밭에 심기

주제 말씀 암송

눈물을 흘리며 씨를 뿌리는 자는 기쁨으로 거두리로다 울며 씨를 뿌리러 나가는 자는 반드시 기쁨으로 그 곡식 단을 가지고 돌아오리로다 시편 126:5-6

▶▶▶ 인도자는 전도자가 가져야 할 자세 중, '인내'를 다시금 떠올리게 합니다. 계속 전도해도 복음을 거부하는 영혼들이 있을 수 있지만, 이 말씀을 기억하며 절대로 포기하지 말자고 전합니다.

마음에 새기기

▶▶▶ 인도자는 마음에 새기기를 통해 이 과에서 배운 내용을 점검하고 중요 내용을 숙지할 수 있어야 한다고 말합니다. 읽을 때에는, 스스로 읽고 복습하는 것도 좋지만 서로 짚어 주는 것이 더 효과적일 수 있습니다. 그러므로 소그룹별로 읽어 볼 수 있도록 유도합니다. 또한 인도자는 한 주에 한 번 이상 이 내용을 각자 체크할 수 있도록 권면합니다.

전도하기 전에 전도자로서 가져야 할 마음이 있습니다

1. 하나님의 일꾼임을 늘 기억하며 예수님처럼 하나님 뜻에 순종하려는 마음을 가져야 합니다.
2. 믿지 않는 영혼을 긍휼히 여기고 모든 사람을 차별 없이 사랑하는 마음을 가져야 합니다.
3. 거절, 체면 손상, 틀리는 것에 대한 두려움을 버려야 합니다.

전도하기 전에 전도자로서 갖추어야 할 자세가 있습니다

1. 예수님만을 자랑하며 언제나 겸손해야 합니다.
2. 그리스도인으로서 온유함을 드러내어야 합니다.
3. 바른 예의와 몸가짐을 겸비해야 합니다.

▶▶▶ 인도자는 이 과를 정리하며 마무리합니다. 우리 자신이 전도자임을 늘 기억하고, 전도자로서 가져야 할 태도와 모습을 늘 겸비할 수 있도록 결단하게 합니다.
다음에 이어질 6, 7과에서는 전도자에게 필요한 훈련을 집중적으로 살펴보게 될 것입니다.

제6과

전도를 위한 준비와 훈련 1

- 영적인 면에서 -

오늘 우리는...

- 이 과를 통해, 전도함에 있어 기도, 말씀, 성령님의 역할이 왜 중요한지를 알게 됩니다.
- 이 과를 통해, 영적 훈련을 하는 방법과 그와 관련된 성경의 사례에 대해 알게 됩니다.

▶▶▶ 인도자는 6, 7과에서 전도를 위한 준비와 훈련을 다루게 되는데, 이 과에서는 먼저 영적인 준비에 대해 살펴보게 된다고 전해 줍니다. 배움을 통해 실제로 전도자로서 준비와 훈련을 해나가기를 기대해 보자고 하면서 이 과를 시작합니다.

마음 문 열기

과테말라에 알모롱가라는 산악 도시가 있습니다. 1970년대까지만 하더라도 이곳은 기독교인이 거의 없었으며 우상 숭배, 가난, 부정부패, 무지, 알코올 중독, 폭력, 매춘 등으로 가득한 죄악의 도성이었습니다. 그런데 어느 날 이곳에 사는 마리아노 리스까호체라는 사람이 "나를 섬기게 하기 위해서 내가 너를 택할 것이다."라는 하나님의 음성을 듣게 되었습니다. 우상을 섬기며 알코올 중독에 빠져 살고 있던 그는 그 음성을 듣고 회개하여 성령세례(침례)를 받고 목회자가 되어 교회를 세운 후 복음 전파에 힘썼습니다.

처음에는 많은 사람이 '막시몬'이라는 신을 섬기고 있었기 때문에 복음 전파에 어려움을 겪었습니다. 그래서 다른 목회자들과 함께 기도하며 악한 영과 싸우기 시작했습니다. 그러자 하나님의 놀라운 역사로 수많은 무당과 우상 숭배자들이 회개하고 돌아오는 역사가 나타났습니다.

그들이 금식하고 철야하며 기도하자 더욱 놀라운 부흥이 일어나 교회마다 사람들이 차고 넘치게 되었습니다. 그뿐만 아니라 도시도 변화하기 시작했습니다. 1970년대까지 술집이 서른네 개였는데 2005년을 마지막으로 모든 술집이 문을 닫게 되었습니다. 죄수들이 점점 줄어들어 네 개의 감옥이 1988년에 모두 문을 닫게 되었습니다. 빌딩의 이름도 성경적인 이름으로 바뀌었고, 땅도 옥토로 변하여 농업 기술자들이 방문하여 농사가 잘되는 비결을 조사해 갔습니다. 성도 수가 수천 명 되는 교회가 스물네 개나 세워졌고, 말할 권리조차 없던 여자와 아이들이 인격적인 대우를 받기 시작했습니다. 그리고 마침내 그 도시 주민의 90% 이상이 예수님을 믿는 역사가 나타났습니다.

▶▶▶ 우상으로 가득하고 타락했던 도시가 새롭게 변한 것은 다름 아닌 '기도' 때문이었습니다. 오늘날 무너지는 이 사회를 바꾸기 위해 국가적으로 많은 노력을 하지만 성공을 거두지 못합니다. 그러나 기도를 통한 복음 전파는 놀라운 변화를 가져왔습니다. 인도자는 이 예화를 통해 하나님께서 제공하시는 영적인 힘이 얼마나 위대한지를 깨닫자고 말해 줍니다.

여기서 잠깐

전도할 때 영적 전쟁에서 이기는 기본 작전은 무엇일까요?

▶▶▶ 인도자는 이것이 곧 오늘 배울 세 가지의 작전과 연결된다고 전합니다. 인도자는 따로 대답을 알려 주지 않고 스스로 생각해 볼 수 있게끔 인도합니다. 그리고 바로 본 내용으로 들어가도록 합니다.

배움과 익힘

▶▶▶ 복음을 들고 나가는 사람에게는 영적 전쟁이 있기 마련입니다. 복음을 증거하려고 하면 사탄이 가만히 있지 않기 때문입니다. 그러므로 사탄과의 영적 전쟁에서 승리하기 위한 치밀한 준비를 해야 합니다. 우리에게는 하나님께서 주신 영적 무기들이 있기 때문에 전도자가 영적으로 무장되어 있다면, 사탄은 결코 우리를 이길 수 없습니다. 인도자는 이처럼 영적으로 무장해야 할 중요성을 알려 주면서 이 과를 시작합니다.

전도자는 영적으로 무장되어 있어야 합니다. 즉, 기도와 말씀으로 준비하고 성령님과 동행해야 합니다.

1. 기도로 무장하기

가. 전도와 기도의 관계

기도는 하나님께 나아가는 길입니다. 전도자는 항상 하나님께 기도의 문을 열어 놓아야 하나님께서 내려 주시는 영적 지혜와 권능을 받을 수 있습니다.

또한 기도는 하나님과의 대화입니다. 그 대화를 통해 하나님께 무슨 말이든 털어놓고 간구할 수 있으며, 새로운 능력을 얻을 수 있습니다. 즉, 기도는 전도하기를 원하시는 하나님의 뜻을 직접적으로 깨달을 수 있는 통로가 됩니다.

> 우리 하나님 여호와(야훼)께서 우리가 그에게 기도할 때마다
> 우리에게 가까이 하심과 같이
> 그 신이 가까이 함을 얻은 큰 나라가 어디 있느냐 신명기 4:7

전도자는 기도가 문제 해결의 열쇠(마태복음 7:7-8), 구원을 얻는 열쇠(로마서 10:13), 하늘의 보고를 여는 열쇠(에베소서 3:20), 권능의 열쇠(야고보서 5:17-18)임을 기억하며 기도로 전도를 준비해야 합니다.

▶▶▶ **인도자는 전도자가 기도하는 이유는 한마디로 믿음을 굳건하게 하기 위함이라고 전합니다. 기도는 전도자의 믿음을 강하게 함으로써 영적인 성장을 촉진시키는데, 이것은 마치 아기가 자라가기 위해서 어머니의 젖을 먹는 것과도 같습니다. 믿음을 가지고 전도를 향한 꿈을 꾸고 있다면, 그 믿음을 더욱 견고한 상태에 이르게 하기 위해 기도로 무장해야 합니다.**

나. 기도로 전도를 준비하는 방법

전도를 위한 기도는 자신을 위한 기도가 아닌 다른 사람의 '영혼 구원을 위한 기도'입니다. 이때 누구를 위해 기도할 것인지 명확하게 대상을 정해야 합니다. 전도대상자의 영적 생명이 걸린 중대한 일임을 기억하며, 그 영혼을 사랑하는 마음으로 집중적으로 기도해야 합니다.

또한 전도의 전 과정에서 하나님의 인도하심이 있기를 간구해야 합니다. 전도대상자를 만나는 것부터 그에게 복음을 전하는 것까지 그 모든 과정에 하나님의 도우심을 구하고 지혜를 달라고 간구해야 합니다. 그리고 전도대상자의 마음에 뿌린 복음의 씨앗이 싹이 나고 자라나서 열매를 맺을 수 있도록 계속 기도해야 합니다. 씨를 뿌리는 것은 전도자이지만, 그것을 자라게 하고 열매 맺게 하여 거두시는 분은 하나님이시기 때문입니다.

> 이러므로 우리도 항상 너희를 위하여 기도함은
> 우리 하나님이 너희를 그 부르심에 합당한 자로 여기시고
> 모든 선을 기뻐함과 믿음의 역사를
> 능력으로 이루게 하시고 데살로니가후서 1:11

다. 성경에 나타난 기도의 위력

1) 전도의 기회를 가져오는 기도

베드로는 기도하던 중에 환상을 보았습니다. 환상 중에 하늘로부터 부정한 짐승들이 담긴 그릇이 내려오고 그것들을 먹으라고 말하는 소리가 들렸으나, 베드로는 부정한 음식을 먹을 수 없다고 거부했습니다. 그러자 다시 "하나님께서 깨끗하게 하신 것을 네가 속되다 하지 말라"(사도행전 10:15)고 말하는 소리가 들렸습니다. 이런 일이 세 번 있은 후 부정한 짐승들이 담긴 그릇이 하늘로 올려 갔습니다. 이 환상을 본 후 베드로가 그 의미를 생각할 때에 이방인 백부장 고넬료가 보낸 사람들이 그를 찾아왔습니다. 이때 성령님께서 베드로를 고넬료의 집에 가서 말씀을 전하게 하셨고, 그 결과 고넬료의 가족과 친척과 친

구들이 모두 구원을 얻게 되었습니다(사도행전 10:1-48). 이것을 통해서 우리는 기도하는 사람이 전도의 기회를 얻게 됨을 알 수 있습니다.

2) 영혼 사랑을 담은 기도

바울은 자신의 동족인 유대인들의 구원을 위하여 자기 목숨조차 아끼지 않는 기도를 했습니다(로마서 9:1-3). 이처럼 전도자는 복음을 전하는 것만이 아니라 바울처럼 영혼을 뜨겁게 사랑하며 진심으로 전도 대상자들의 영혼을 위해 기도해야 합니다. 또한 바울이 이방인의 선교사로서 세움받고 본격적으로 선교 활동을 할 수 있었던 것도 기도로써 이루어진 일입니다. 당시 안디옥 교회의 선지자들과 교사들이 금식하며 기도하는 가운데 응답을 받아 바울은 바나바와 함께 선교의 사명을 받고 각 지역을 다니며 복음을 전하게 된 것입니다(사도행전 13:1-3). 이처럼 복음 전도의 사명을 받는 것은 기도를 통해 일어나는 것입니다.

▶▶▶ **인도자는 피터 와그너 박사의 말을 인용합니다. 피터 와그너 박사는 한국 교회 부흥의 가장 큰 원인은 기도에 있다고 진단한 바 있습니다.**

▶▶▶ **예수님께서도 가르치시고, 전파하시고, 고치시는 사역(마태복음 4:23)을 성공적으로 감당하시기 위해 늘 기도하셨습니다(마가복음 1:35). 기도하면 성령의 음성에 민감해져 하나님의 보좌를 움직입니다.**

▶▶▶ **인도자는 오늘날 많은 교회와 성도들이 보다 효과적인 전도의 노하우와 훌륭한 기술을 찾고 있지만 하나님께서는 먼저 기도하는 사람을 찾고 계신다고 전해 줍니다. 하나님은 무릎을 꿇고 기도하는 사람에게 기름을 부어 주십니다. 그러므로 전도자는 전도의 사명과 은사와 권능과 열매를 위하여 쉬지 말고 기도해야 합니다. 사도들도 전도하기 전에 하나님께 간절히 기도했고 그 가운데서 놀라운 기사와 이적을 체험했습니다. 이러한 역사는 오늘날에도 일어날 수 있습니다.**

2. 말씀으로 무장하기

가. 전도와 말씀의 관계

말씀에 대한 기본적인 지식이 없는 전도자는 확신에 찬 전도를 할 수 없습니다. 그러므로 전도자는 하나님의 말씀으로 무장해야 합니다. 말씀이 든든한 반석이 될 때, 비로소 영혼을 살리는 능력이 나타날 수 있습니다. 하나님의 말씀 한마디가 사람의 말 백 마디보다 능력이 있기 때문입니다.

> 하나님의 말씀은 살아 있고 활력이 있어
> 좌우에 날선 어떤 검보다도 예리하여 혼과 영과 및 관절과 골수를 찔러
> 쪼개기까지 하며 또 마음의 생각과 뜻을 판단하나니 히브리서 4:12

전도에 있어서 말씀은 진리(요한복음 8:32), 생명의 말씀(빌립보서 2:16), 신령한 젖(베드로전서 2:2), 마귀를 대적하는 성령의 검(에베소서 6:17)의 역할을 합니다. 또한 하나님의 말씀은 교훈과 책망을 주며 바르게 하고 의로 교육하는 역할을 합니다(디모데후서 3:16-17).

나. 말씀으로 전도를 준비하는 방법

전도자는 전도하기에 앞서 먼저 말씀을 가까이하고 말씀대로 사는 훈련을 해야 합니다. 말씀의 반석 위에 서야 하나님의 일꾼으로서, 예수님의 증인으로서 담대하게 나아갈 수 있기 때문입니다. 또한 말씀대로 살아갈 때 그 삶 자체가 믿지 않는 사람들에게 본이 되어 예수님을 증거하며, 말씀을 전할 때 그 말씀에 힘이 있습니다.

또한 말씀을 전도에 실질적으로 사용할 수 있도록 구원과 관련된 주요 성구들을 암송하고 있어야 합니다. 물론 성경말씀을 말하면 믿지 않는 사람은 어색해할 수 있지만, 성령님께서 그 말씀 가운데서 우리가 예상치 못한 역사를 이루실 것입니다.

> 베드로가 이 말을 할 때에
> 성령이 말씀 듣는 모든 사람에게 내려오시니 사도행전 10:44

다. 성경에 나타난 말씀의 위력

1) 모든 것을 가능케 하는 말씀

모세가 죽은 후, 하나님께서 여호수아에게 "오직 강하고 극히 담대하여 나의 종 모세가 네게 명령한 그 율법을 다 지켜 행하고 우로나 좌로나 치우치지 말라 그리하면 어디로 가든지 형통하리니 이 율법책을 네 입에서 떠나지 말게 하며 주야로 그것을 묵상하여 그 안에 기록된 대로 다 지켜 행하라 그리하면 네 길이 평탄하게 될 것이며 네가 형통하리라"(여호수아 1:7-8)고 말씀하셨습니다. 여호수아가 이러한 하나님의 말씀에 순종하자, 하나님께서는 가나안을 점령케 하여 기업을 얻게 해주셨습니다. 말씀을 의지하고 순종하면 어떤 상황에서도 승리할 수 있습니다.

2) 성령의 능력을 불러오는 말씀

베드로가 고넬료의 집에 가서 말씀을 전할 때 그곳에 모인 사람들이 모두 성령을 받는 역사가 일어났습니다(사도행전 10:34-48). 이방인들이 구원받고 성령의 사람이 되는 일이 일어난 것입니다. 이처럼 성경

말씀은 단순한 언어가 아닌 하나님의 말씀이기 때문에, 성령 안에서 복음을 받아들이고 구원에 이르게 하는 통로의 역할을 합니다.

▶▶▶ 인도자는 성경말씀으로 무장한 사람은 이단의 침범에도 흔들리지 않는다고 전해줍니다. 올바른 성경 지식은 왜곡된 이단의 각종 문헌과 불건전하고 이단적인 성경 해석을 금방 분별할 수 있게 해주기 때문입니다. 특별히 하나님께서는 성경말씀을 늘 상고하고 묵상하는 사람들에게 영분별의 은사(고린도전서 12:8-11)를 주십니다.

3. 성령의 능력으로 무장하기

가. 성령님과 말씀의 관계

전도는 전도자의 입술을 통해 이루어지지만, 실제로는 성령님께서 복음의 진리를 전하시는 것입니다. 전도자가 말씀을 전할 때 성령님께서 그 말씀을 듣는 사람에게 역사하셔서 자신의 죄를 깨닫게 하시고, 자신의 현 상태를 알게 하시며, 그리스도에게 굴복하게 하시고, 그리스도가 구주이심을 나타내십니다.

그가 와서 죄에 대하여, 의에 대하여,
심판에 대하여 세상을 책망하시리라 요한복음 16:8

그러므로 전도자는 반드시 성령충만을 사모해야 하며, 전도할 때마다 성령님께서 역사하시기를 간구해야 합니다.

내 말과 내 전도함이 설득력 있는 지혜의 말로 하지 아니하고
다만 성령의 나타나심과 능력으로 하여
너희 믿음이 사람의 지혜에 있지 아니하고
다만 하나님의 능력에 있게 하려 하였노라 고린도전서 2:4-5

나. 성령의 능력으로 전도를 준비하는 방법

성령의 능력으로 전도를 하기 위해서는 전도하는 순간뿐만 아니라 매 순간 성령의 사람으로 살아가야 합니다. 이를 위해서는 먼저 성령충만을 간구해야 합니다. 또한 성령님께서는 말씀 가운데 임하시기 때문에 말씀을 늘 상고하고 묵상해야 합니다. 이처럼 전도와 함께 기도와 말씀을 가까이하는 삶이 병행되어야 합니다.

성령님께서 내 안에 내주하시면, 내 생각과 마음과 말을 성령님께서 주관하십니다. 그리고 전도하는 모든 과정에 성령님께서 함께하시며 역사하십니다.

보혜사 곧 아버지께서 내 이름으로 보내실 성령
그가 너희에게 모든 것을 가르치고 내가 너희에게 말한 모든 것을
생각나게 하리라 요한복음 14:26

다. 성경에 나타난 성령의 위력

1) 전도의 전 과정에 개입하시는 성령

에티오피아 여왕의 국고를 맡은 내시는 예루살렘에 와서 예배한 후 이사야서를 읽으면서 돌아가는 길에 빌립과 만나게 되었고, 빌립이 그 성경말씀을 풀이해 주는 것을 듣고 예수님에 대해 알게 되었습니다. 그러자 그는 그 자리에서 빌립에게 청하여 세례(침례)를 받았습니다. 이때 에티오피아의 내시가 성경을 읽게 된 것이나 도중에 빌립과 만나게 된 것은 우연의 일치가 아니라, 모두 성령님의 인도하심 가운데서 이루어진 일입니다(사도행전 8:29).

2) 담대히 전도하게 하시는 성령

사도들은 박해를 받는 중에도 함께 모여 '담대히 하나님의 말씀을 전할 수 있도록', 또 '말씀을 전하는 가운데 놀라운 표적이 일어나도록' 기도했습니다(사도행전 4:23-30). 이때 성령님께서 임하셔서 그들은 성령충만을 받고 담대하게 전도할 수 있게 되었습니다(사도행전 4:31). 이처럼 성령님께서는 담대하게 하나님의 말씀을 증거하게 하시고, 예수 그리스도의 사랑으로 믿지 않는 영혼들에게 관심을 갖게 하십니다. 그리하여 전도하지 않고서는 가만히 있을 수 없게 하십니다.

▶▶▶ 전도자는 '내가 전도한다'는 생각을 가져서는 안 됩니다. '나를 통해서 성령님께서 전도하신다'라는 마음을 가져야 합니다. 예수님도 비둘기 같은 성령을 체험하신 후 능력 있는 복음 전도 사역을 수행하셨습니다. 예수님의 사역처럼 전도는 처음부터 끝까지 시종일관 성령님께 전적으로 의지하고 맡겨야 합니다. 혹시 체험도 있고, 지식도 있고, 열심도 있음에도 전도의 열매를 맺지 못하고 있다면 자신이 성령으로 충만한지 다시 한 번 살펴보아야 합니다. 성령 충만은 성령님이 우리의 마음과 생활을 온전히 지배하시고 우리가 성령 안에 완전히 잠겨 있는 상태를 말합니다. 이렇게 될 때 우리의 말과 행동이 거룩하게 되고 말씀에 능력이 있게 되는 것입니다.

▶▶▶ 인도자는 성령님께서 하시는 일과 우리가 하는 일을 다음과 같이 구분하여 설명해 줍니다.

우리가 하는 일	성령님께서 하시는 일
씨(복음)를 뿌리면	씨(복음)를 마음에 심으심
씨에 물을 주면	씨에 생명을 주심
비료를 주면	성장케 하심
눈물을 흘리면	열매를 맺게 하심
우리가 가면	동행하심
이야기를 전하면	확신을 주심
예수님을 높이면	마음에 예수님을 나타내 보이심
기쁜 소식을 선포하면	끌어당기심
우리가 변호하면	깨닫게 하심
기도하면	능력 주심
그물을 당기면	영적인 출생을 성취하심

더불어 나눔

1. 지금 마음에 품고 있는 전도대상자를 한 명 떠올려 보십시오. 그리고 그 사람을 위해 어떻게 기도할지 계획을 세워 보십시오(구체적인 기도 내용 및 기도 시간 등).

▶▶▶ 전도대상자의 영혼을 진심으로 사랑한다면 보다 더 열정적으로 기도할 수 있습니다. 기도 내용도 구체적이게 되고 풍성해 집니다. 인도자는 이제 내가 품은 영혼을 아끼는 마음으로 '그 영혼만을 위한 특별한 기도 시간'을 정해 보라고 말합니다.

2. 전도하는 동안 성령님의 역사를 경험한 적이 있다면 함께 나누어 봅시다(만남을 자연스럽게 이루어 주셨거나, 말씀을 전할 때 지혜를 주셨거나, 마음을 담대하게 해주신 경우 등).

▶▶▶ 인도자는 자신의 경험을 솔직하게 공유할 수 있도록 이끌어 줍니다. 그리고 그런 경험이 아직 없는 소그룹 구성원에게는 오늘 당장이라도 전도한다면, 그 가운데서 성령님의 역사를 경험할 수 있다고 격려합니다.

마음 밭에 심기

주제 말씀 암송

내 말과 내 전도함이 설득력 있는 지혜의 말로 하지 아니하고 다만 성령의 나타나심과 능력으로 하여 너희 믿음이 사람의 지혜에 있지 아니하고 다만 하나님의 능력에 있게 하려 하였노라 고린도전서 2:4-5

▶▶▶ 이 성구는 내 능력이 아닌 성령님의 능력으로 이루어지는 복음 전파의 상황을 잘 그려 줍니다. 인도자는 이 말씀에 의지하면 전도에 대한 두려움도 다 사라지게 할 수 있다고 전해 주면서 함께 성구를 암송하자고 말합니다. 그리고 이 말씀을 늘 기억하면서 성령님과 동행하는 전도자가 되자고 권면합니다.

마음에 새기기

▶▶▶ 인도자는 마음에 새기기를 통해 이 과에서 배운 내용을 점검하고 중요 내용을 숙지할 수 있어야 한다고 말합니다. 읽을 때에는, 스스로 읽고 복습하는 것도 좋지만 서로 짚어 주는 것이 더 효과적일 수 있습니다. 그러므로 소그룹별로 읽어 볼 수 있도록 유도합니다. 또한 인도자는 한 주에 한 번 이상 이 내용을 각자 체크할 수 있도록 권면합니다.

전도자는 기도로 무장해야 합니다

1. 기도의 문을 열어 놓아야 하나님께로부터 지혜와 권능을 받아 전도할 수 있습니다.
2. 영혼을 사랑하는 마음으로 하나님께서 전도의 전 과정에 개입하시길 간절히 기도해야 합니다.
3. 베드로는 기도하던 중에 전도의 기회를 얻었고, 바울은 영혼을 사랑하는 마음으로 기도하여 민족의 구원을 약속받았습니다.

전도자는 말씀으로 무장해야 합니다

1. 하나님의 말씀으로 무장하고 말씀의 반석 위에 설 때, 영혼을 살리는 능력이 나타날 수 있습니다.
2. 말씀을 가까이하고 실천하는 삶을 통해 전도해야 하고, 말씀을 암송하여 전도에 활용해야 합니다.
3. 말씀에 순종함으로써 여호수아는 승리를 얻었고, 베드로가 증거하는 말씀을 들은 사람들은 성령충만을 받았습니다.

전도자는 성령의 힘으로 무장해야 합니다

1. 성령님께서는 말씀을 듣는 사람들이 자신의 죄를 깨닫게 하시며, 자신의 현 상태를 알게 하십니다.
2. 성령의 능력으로 전도를 하기 위해 매 순간 성령님을 모시고 성령의 사람으로 살아가야 합니다.
3. 성령님께서는 빌립이 에티오피아의 내시에게 복음을 전하는 과정에 개입하셨고, 박해를 받음에도 사도들이 담대히 전도할 수 있도록 역사하셨습니다.

▶▶▶ 인도자는 이 과를 정리하며 마무리합니다. 영적으로 무장하는 것이 얼마나 중요한지를 기억하고, 기도와 말씀과 성령으로 무장한 전도자가 되자고 서로를 격려할 수 있게 합니다.

다음 시간에는 전도를 위한 훈련 두 번째 시간으로 '전도의 방해 요소를 어떻게 극복할지'를 배우게 됩니다.

Tip 그리스도인의 전신 갑주

그리스도인은 마귀의 궤계를 능히 대적하고(에베소서 6:11), 마지막 날에 승리하기 위해(에베소서 6:13) 하나님의 전신 갑주를 취해야 합니다. 인도자는 하나님의 전신 갑주 여섯 가지를 짚어 줍니다.

① 진리의 허리띠
② 의의 호심경(흉배)
③ 평안의 복음의 신
④ 믿음의 방패
⑤ 구원의 투구
⑥ 성령의 검, 곧 하나님의 말씀

"그러므로 하나님의 전신 갑주를 취하라 이는 악한 날에 너희가 능히 대적하고 모든 일을 행한 후에 서기 위함이라 그런즉 서서 진리로 너희 허리 띠를 띠고 의의 호심경을 붙이고 평안의 복음이 준비한 것으로 신을 신고 모든 것 위에 믿음의 방패를 가지고 이로써 능히 악한 자의 모든 불화살을 소멸하고 구원의 투구와 성령의 검 곧 하나님의 말씀을 가지라"(에베소서 6:13-17)

제7과

전도를 위한 준비와 훈련 2

- 방해 요소 극복하기 -

오늘 우리는...

- 이 과를 통해, 전도의 방해물은 어떤 것들인지를 알게 됩니다.
- 이 과를 통해, 전도의 방해물에 대처하기 위해 어떻게 훈련해야 할지를 알게 됩니다.

▶▶▶ 지난 과에 이어서 이 과에서는 전도를 위한 준비와 훈련으로 방해 요소를 근절하는 방법을 배우게 됩니다. 먼저 방해 요소에 어떤 것들이 있는지 배우게 되고, 이어서 그것을 극복하는 방법을 배우게 됩니다.

마음 문 열기

'20세기의 성자'로 불리는 알버트 슈바이처는 아프리카에서 의료 봉사를 통하여 예수님의 복음을 전파했습니다. 한번은 아프리카 람바레네에 설립한 자선 병원의 형편이 어려워져서 유지 기금을 마련하기 위해 고향에 오게 되었습니다. 그 소식을 듣고 그의 친척과 친지, 동료들이 기차역으로 마중 나갔습니다. 이윽고 기차가 도착하자 그들이 일등칸과 이등칸을 바라보며 그의 모습이 나타나기를

기다리고 있는데, 정작 그는 서민들이 타는 삼등칸에서 내리고 있었습니다. 깜짝 놀라 달려간 지인들이 "아니, 박사님, 왜 삼등칸을 타고 오셨습니까?"라고 묻자, 그는 인자하게 웃으며 "사등칸이 없어서요."라고 대답했습니다.

이런 일도 있었습니다. 한번은 슈바이처가 미국 시카고를 방문하게 되자 시장을 비롯한 유력한 인사들이 그를 환영하기 위하여 역에 나와서 기차가 도착하기를 기다렸습니다. 기차가 역에 도착한 후 기차에서 내린 그는 시장 일행을 향해 오다가 양손에 큰 가방 두 개를 들고 힘겹게 기차에 오르려는 한 할머니를 보게 되었습니다. 그러자 그는 서슴없이 그쪽으로 뛰어가서 할머니의 가방을 받아 들고 기차 안으로 들어가 좌석 번호를 찾아 할머니를 앉혀 드렸습니다. 그런 다음에야 그는 다시 기차에서 내려 시장에게 가서 "시장님, 미안합니다. 평소의 버릇 때문에 오래 기다리시도록 결례를 했습니다."라고 인사했습니다.

▶▶▶ **예화에 등장하는 슈바이처처럼 우리가 작은 예수의 모습을 실천해나간다면, 복음 전파의 기회는 더욱 늘어날 수 있을 것입니다. 작은 행동 하나하나에서부터 우리가 덕을 끼칠 때 복음 전파의 기회가 확장됩니다.**

여기서 잠깐

기독교를 대적하는 사람들에게 우리가 진정한 작은 예수의 삶을 보여 준다면 그들은 어떻게 반응할까요?

▶▶▶ 반(反) 기독교인 사람들도 불쌍한 영혼이기에 예수님의 진정한 사랑을 접하게 된다면 자신도 모르는 사이에 감동, 감화를 받을 수 있습니다. 인도자는 이 사실을 기억하면서 복음을 핍박하는 자들에게도 끝까지 사랑을 실천해야 한다고 전합니다. 복음의 진리를 사수하되 삶으로는 선한 영향력을 끼쳐야 하는 것입니다.

배움과 익힘

▶▶▶ 들어가기 전에 인도자는 방해 요소를 크게 교회 외부와 내부로 나누어서 살펴보게 된다고 이야기합니다. 이를 통해 방해 요소는 교회 내부에도 존재할 수 있음을 전제로 두고 이 과를 시작할 수 있어야 합니다. 이 두 가지의 방해 요소를 중심으로 살펴보게 된다면, 전도의 장애물을 극복할 지혜를 얻게 될 것입니다.

1. 전도의 방해 요소

가. 교회 외부의 방해 요소

1) 사회적인 상황

이단, 사이비 종교, 기타 종교에서 발생하는 부정적인 현상들로 인해 교회와 기독교에 대한 사회적 이미지가 실추되어 복음 전도를 방해하는 결과를 가져오는 경우가 간혹 있습니다. 이러한 특정 사건이

교회에 부정적 영향을 미치는 것은 사실입니다. 그러나 이는 일시적 현상일 뿐, 복음의 확산을 막을 수 없습니다(베드로전서 1:24-25).

> 아이들아 지금은 마지막 때라 적그리스도가 오리라는 말을
> 너희가 들은 것과 같이 지금도 많은 적그리스도가 일어났으니
> 그러므로 우리가 마지막 때인 줄 아노라 그들이 우리에게서 나갔으나
> 우리에게 속하지 아니하였나니 만일 우리에게 속하였더라면
> 우리와 함께 거하였으려니와 그들이 나간 것은
> 다 우리에게 속하지 아니함을 나타내려 함이니라 요한1서 2:18-19

2) 가치관의 갈등

세상의 가치관과 교회의 가치관은 같을 수 없습니다. 왜냐하면 세상에 있는 모든 것이 다 하나님 아버지께로부터 온 것이 아니기 때문입니다.

> 이는 세상에 있는 모든 것이 육신의 정욕과 안목의 정욕과
> 이생의 자랑이니 다 아버지께로부터 온 것이 아니요
> 세상으로부터 온 것이라 요한1서 2:16

성경은 세상에 있는 모든 것이 육신의 정욕과 안목의 정욕과 이생의 자랑임을 가르쳐 주고 있습니다. 이처럼 세상의 것들은 복음 전파에 방해가 됩니다.

내가 이르노니 너희는 성령을 따라 행하라
그리하면 육체의 욕심을 이루지 아니하리라
육체의 소욕은 성령을 거스르고 성령은 육체를 거스르나니
이 둘이 서로 대적함으로 너희가 원하는 것을
하지 못하게 하려 함이니라 갈라디아서 5:16-17

▶▶▶ 세상은 하나님께 대한 관심이 완전히 빠진 가치들과 목표들을 추구하고 있습니다. '세상에 있는 모든 것'을 묘사하는 데 있어서 요한1서는 세 가지의 기준을 들고 있습니다. '육신의 정욕'은 죄악으로부터 나오는 욕망으로서 부정한 육체적 욕구를 말하고, '안목의 정욕'은 인간의 탐욕스러운 본성을 말하며, '이생의 자랑'은 뽐내고 과시하는 생활 양식을 말합니다. 하지만 그리스도인은 세상의 가치관과 다른 가치관을 가지고 살아야 합니다. 육체적 욕구, 탐욕, 과시 등은 결국 시기와 질투와 다툼을 만들기 때문입니다. 또한 전도는 사랑의 전파이기 때문에 우리는 전도할 때 세상적 가치관을 버린 채 나아가야 하고 세상의 가치들을 이겨낼 수 있는 믿음을 가져야 합니다.

3) 왜곡된 사상들

오늘날 예수 그리스도의 복음을 왜곡하는 여러 사상들이 세상에 만연해 있습니다. 그중에는 예수 그리스도의 복음은 '윤리와 도덕의 규범'이라고 주장하는 견해도 있고, 복음을 종교철학이나 종교사상으로 이해하려고 하는 사람들도 있습니다. 그들은 하나님의 말씀을 인간적인 사고로 해석합니다. 그 결과 인간의 이성이나 과학적인 지식으로 이해할 수 없는 내용은 신화로 취급해 버리며, 성경에 기록된 기적이나 초자연적 능력을 부인합니다.

> 십자가의 도가 멸망하는 자들에게는 미련한 것이요
> 구원을 받는 우리에게는 하나님의 능력이라 고린도전서 1:18

▶▶▶ 이단에 속한 자들은 미혹의 영에 의해 속임을 당하고 종노릇을 하고 있습니다. 그들이야말로 돌이켜 그리스도 안에 있는 진리를 받아들일 절대적인 필요가 있습니다. 우리는 이단에 속해 있던 사람들이 하나님의 품으로 돌아오도록 다음과 같은 노력을 해야 합니다.

1) 이단에 속했던 사람들을 그리스도의 사랑으로 뜨겁게 사랑합니다.

2) 그리스도께서 어떻게 우리의 삶을 변화시키는지를 알리기 위해 본보기가 되는 삶을 삽니다.

3) 비공격적인 방법으로 이단에 속한 사람을 권면하며, 이단의 교리가 비성경적임을 깨닫게 해줍니다.

4) 이단에 속한 사람들이 처음 이단에게 이끌려갈 때에 기성교회에서 채우지 못했던 영적 욕구가 있었다면, 예수님과의 개인적인 교제를 통해 영적인 충족을 누릴 수 있음을 분명히 짚어 줍니다.

5) 이단에 속한 사람들이 하나님의 품 안으로 돌아올 수 있도록 하나님께 매달려 기도합니다.

나. 교회 내부의 방해 요소

전도할 경우에 부딪히게 되는 방해 요소 가운데 하나는 교회와 성도입니다. 비신자나 낙심한 자들 중에는 교회와 성도의 바람직하지 못한 모습을 보면서 마음에 상처를 입고 교회에 출석하지 않는 경우도 있습니다.

우리가 들은즉 너희 가운데 게으르게 행하여 도무지 일하지 아니하고
일을 만들기만 하는 자들이 있다 하니 데살로니가후서 3:11

또 그들은 게으름을 익혀 집집으로 돌아 다니고 게으를 뿐 아니라
쓸데없는 말을 하며 일을 만들며 마땅히 아니할 말을 하나니 디모데전서 5:13

1) 전도를 방해하는 성도의 유형

▶▶▶ 모든 사람들이 예수님처럼 살 수는 없습니다. 그러나 그리스도인의 삶 속에는 예수님을 닮아 가려는 모습이 있어야 합니다. 여기서 말하는 노력은 '태도', 곧 '자세'를 말합니다. 모든 그리스도인이 주님 안에서 온전한 신앙의 태도와 자세를 가질 때, 복음은 왕성히 전파될 것입니다.

① 배타적인 성도

기존 성도들에게만 친절하고 새가족이나 방문자에게는 무관심합니다.

그러므로 우리가 이같은 자들을 영접하는 것이 마땅하니
이는 우리로 진리를 위하여
함께 일하는 자가 되게 하려 함이라 요한3서 1:8

▶▶▶ 성도들이 배타적 태도를 가지고 있으면 교회는 성장을 경험할 수 없게 됩니다. 성장이 멈추면 고인 물이 썩듯이 생명력을 잃게 됩니다. 하나님의 사랑은 결코 배타적이지 않습니다. 그러므로 하나님을 따라가고자 하는 성도들은 배타적 태도를 포용적인 사랑으로 변화시켜야 합니다.

② 고립된 성도

사회로부터 고립된 채 교회 안에서만 활동합니다.

> 이 말은 이 세상의 음행하는 자들이나 탐하는 자들이나
> 속여 빼앗는 자들이나 우상 숭배하는 자들을
> 도무지 사귀지 말라 하는 것이 아니니 만일 그리하려면
> 너희가 세상 밖으로 나가야 할 것이라 고린도전서 5:10

▶▶▶ **성도들이 사회와 비신자들로부터 고립되어 있으면 관계를 통한 전도가 불가능해집니다. 이런 경우 전도의 효과가 떨어질 수밖에 없습니다. 그러므로 모이는 교회가 되는 것에만 힘쓰지 말고 전도를 위해 흩어지는 교회가 되도록 힘써야 합니다.**

③ 부정적인 성도

매사에 비관적이며 적극적이지 않습니다.

> 예수께서 이르시되 할 수 있거든이 무슨 말이냐
> 믿는 자에게는 능히 하지 못할 일이 없느니라 하시니 마가복음 9:23
>
> 내게 능력 주시는 자 안에서
> 내가 모든 것을 할 수 있느니라 빌립보서 4:13
>
> 나의 의인은 믿음으로 말미암아 살리라
> 또한 뒤로 물러가면 내 마음이 그를
> 기뻐하지 아니하리라 하셨느니라 히브리서 10:38

▶▶▶ 부정적 사고를 가지고 매사에 비관적인 태도를 보이는 성도는 전도에서도 적극적일 수 없습니다. 하나님은 부정적인 사람을 쓰시지 않습니다. 출애굽 당시 이스라엘 민족의 불평불만과 여호수아와 갈렙의 신앙을 비교해 보고 그에 대한 하나님의 반응을 살펴본다면, 그 이유를 잘 알게 될 것입니다.

④ 교만한 성도

하나님보다 자기를 자랑하고 다른 사람들을 업신여기므로 본이 되지 못합니다.

> 교만은 패망의 선봉이요
> 거만한 마음은 넘어짐의 앞잡이니라 잠언 16:18

▶▶▶ 교만보다 더 무서운 적은 없습니다. 반면에 겸손함으로 주님을 의지하는 사람의 모습은 더없이 아름답습니다. 교만한 사람은 사람과 하나님으로부터 버림을 받고 맙니다. 전도는 주님의 도움이 아니고는 결코 할 수 없는 일입니다. 전도의 결실은 인간의 몫이 아니라 하나님의 몫입니다. 일은 우리가 하지만 자라게 하시는 이는 하나님이십니다(고린도전서 3:5-7).

2) 전도를 방해하는 교회의 증세

① 상호 오해 증세

서로의 차이를 인정하지 않음으로 인해 갈등이 있습니다.

> 내가 이것을 말하거니와 너희가 각각 이르되
> 나는 바울에게, 나는 아볼로에게, 나는 게바에게,
> 나는 그리스도에게 속한 자라 한다는 것이니 고린도전서 1:12

▶▶▶ 상호 오해 증세는 문화적 배경과 생활적 수준의 차이를 인정하지 않는 데서 생기는 교회의 질병입니다. 성도들은 서로의 차이를 인정하려 하지 않음으로

갈등하게 됩니다. 다른 사람들의 문화를 열등한 것으로 치부하며 무관심과 오해와 갈등의 태도를 가지는 것입니다. 이러한 태도는 성도 간에 연합보다는 분열을 조장합니다.

② 친교 과잉 증세

지나친 친교로 성도들의 관심이 내부로만 쏠리는 현상이 있습니다.

또 너희가 너희 형제에게만 문안하면 남보다 더하는 것이 무엇이냐
이방인들도 이같이 아니하느냐 마태복음 5:47

그는 우리 죄를 위한 화목 제물이니 우리만 위할 뿐 아니요
온 세상의 죄를 위하심이라 요한1서 2:2

▶▶▶ 친교 과잉 증세는 지나친 친교로 성도들의 관심이 자신과 교회 내부로만 쏠리는 것입니다. 이런 경우 교회와 성도들의 모든 활동이 비신자나 새가족보다 기존성도들에게 초점을 맞추게 됩니다. 전도보다는 자신들의 영성 만족에 더 관심을 갖는 것입니다. 그러나 진정한 성도라면 현상 유지보다는 영혼 구원에 더 관심을 갖도록 해야 합니다.

③ 열정 감퇴 증세

형식적인 신앙만 남고 실제 능력이 결여되어 있습니다.

경건의 모양은 있으나 경건의 능력은 부인하니
이같은 자들에게서 네가 돌아서라 디모데후서 3:5

▶▶▶ 열정 감퇴 증세는 '성 요한 증후군'이라고도 합니다. 요한계시록에 나오는 에베소교회가 첫사랑을 잃어버린 교회가 되어 책망을 받은 것을 놓고 붙여진 이름입니다. 오래된 교회와 성도 혹은 성장의 시기를 지난 교회가 형식적인 신앙만 남아 실제적인 능력이 결여되어 있는 경우를 가리킵니다. 주님과 사람에 대

한 사랑이 식어서 미지근하게 된 경우도 마찬가지입니다. 한 번 식은 열정을 다시 세우기는 매우 힘듭니다. 그러므로 성도들은 항상 꾸준한 신앙적 자극과 도전을 받아야 하며 기도와 전도로 매일 매일 갱신하는 삶을 살아야 합니다. **특히 신앙의 열정은 전도의 열정으로 나타나는 법**입니다.

④ 영적 발전 제한 증세

영적 활동과 성령의 역사를 제한하고 있습니다.

> 내가 네 행위를 아노니 네가 차지도 아니하고 뜨겁지도 아니하도다
> 네가 차든지 뜨겁든지 하기를 원하노라 요한계시록 3:15

▶▶▶ 영적 발전 제한 증세는 교회의 영적 분위기가 성도들의 영적 요구를 채워주지 못하는 경우입니다. 이런 곳에서는 지나친 경건주의와 전통의 고수 등으로 영적 활동과 성령의 역사가 제한되는 문제가 있습니다. 이런 경우 성도의 은사와 역할을 자유롭게 활용할 수 있도록 분위기를 쇄신하여야 합니다. 성령충만을 위한 기도모임이나 성령세미나를 개최하는 등, 각 성도들의 은사를 발견, 개발, 사용하도록 도와 주어야 합니다. 성령의 은사와 역사가 역동적인 전도를 만들어 냅니다.

2. 전도의 방해 요소에 대처하는 방법

가. 교회 외부의 방해 요소에 대처하는 방법

1) 성경말씀을 가까이하기

전도할 때 받게 되는 반대 질문에 유연히 대처하려면 이에 대한 성경적인 대응 기술과 지식을 습득해야 합니다. 매일 성경 읽기, 조직적인 성경 연구, 여러 가지 말씀 훈련 모임 등을 통해 철저히 말씀 훈련을 하고 관계 서적을 연구하거나 훈련을 받는 것도 바람직합니다. 특히 이단의 잘못된 가르침에 유혹당하지 않으려면 그들보다 더 열심히 성경을 공부해야 합니다.

▶▶▶ **특히 전도에 방해가 되는 이단에 대응하기 위해 성경 공부를 분명하고 올바르게 해나가야 합니다. 이단 종교의 교주들은 기본적인 신학적인 소양이나 과정을 밟지 않은 사람이 대부분입니다. 그 결과 성경 전체와 연관성 있는 해석을 시도하는 것이 아니라 문자주의에 빠져 성경 구절을 억지로 뜯어 맞추어 해석합니다. 그럼에도 불구하고 그릇된 성경 공부를 철저히 수행해 나가고 훈련시키기에 아무것도 모르는 사람들은 억지 논리임에도 불구하고 쉽게 휩쓸릴 수 있습니다. 그러므로 이에 대처하기 위해서는 올바르게 성경 공부를 해야 합니다.**

2) 작은 예수의 삶을 보여 주기

우리가 작은 예수로서 덕을 끼치고 삶에 모범이 된다면 기독교와 성경에 대해 비판을 하는 사람들도 함부로 대항하지 못합니다. 오히려 우리의 삶을 보고 예수님을 알아 가게 됩니다.

그러므로 복음을 전함과 동시에 인격적인 삶, 모든 일에 최선을 다하는 삶, 정의로운 삶을 보여 주어야 합니다. 특히 세상 사람들이 결코 할 수 없는 희생적인 사랑을 보여 줄 때 예수님의 사랑을 좀 더 분명하게 전할 수 있습니다.

또한 오늘날에는 마음의 병을 안고 있는 사람들이 너무나 많습니다. 그들은 자유와 평안을 찾아 헤매기 때문에 정신 수양관이나 이단 단체 등에 쉽게 빠져들 수 있습니다. 그들이 잘못된 사상과 종교에 빠지기 전에, 먼저 우리가 진심으로 관심을 가지고 그들의 마음을 어루만져 주어야 합니다. 삶 가운데 이러한 노력을 할 때 강력한 힘을 가지고 복음을 전파할 수 있습니다.

3) 실전 훈련하기

이론적으로 복음에 대해 이해한다고 해도 막상 실전에서는 당황할 수 있습니다. 그러므로 소그룹별로 실제 상황이라 생각하고 전도를 실습할 필요가 있습니다. 무엇보다 현장에 직접 나가서 전도를 꾸준히 하는 것이 가장 큰 도움이 됩니다.

간혹 전도 훈련이 될 때까지는 전도하지 않고 기다리겠다고 생각하는 사람들이 있습니다. 그러나 복음 증거는 때를 가리지 않고 해야 할 사명입니다. 전도 훈련을 꾸준히 하되, 훈련 중에도 계속해서 복음을 증거하고 이를 통해 실전 훈련을 쌓아 가야 합니다.

나. 교회 내부의 방해 요소에 대처하는 방법

1) 교회의 마인드를 전도 지향 마인드로 바꾸기

교회가 전체적으로 전도와 선교에 관심이 없다면 담임 목회자가

전 성도를 대상으로 영혼 구원과 선교가 교회의 일차적 사명임을 가르쳐야 합니다. 교회 전체가 전도와 선교를 최우선으로 삼고 나아간다면 성도들도 그 영적 분위기 속에서 전도와 선교 사명에 힘쓰게 될 것입니다.

▶▶▶ **교회성장에 대해 부정적인 사람들 중에는 '교회성장이 하나님의 나라와 무관하다'고 말하는 이들이 있습니다. 그러나 하나님 나라의 확장은 교회성장을 바탕으로 합니다. 교회는 하나님 나라의 그림자이며, 전도는 하나님 나라를 이 땅에 선포하는 것이기 때문입니다. 교회성장형 마인드는 하나님 나라 확장형 마인드입니다. 그러므로 목회자와 성도들이 함께 교회성장형 마인드를 가져야 하고 전도의 사명을 품어야 합니다.**

2) 은혜의 수혜자임을 인정하기

구원받아 교회에 다니는 것은 인생의 가장 큰 복을 받은 것입니다. 그런데 그것은 어떤 노력에 의한 것이 아니라 전적인 은혜입니다. 성도들은 가장 큰 은혜를 '먼저' 받았다는 것을 늘 인식하고 감사해야 합니다. 그리고 아직 구원받지 못한 영혼을 찾아가서 복음을 전함으로써 은혜에 보답해야 합니다.

자기의 신앙생활에만 관심이 있고 교회 내부의 성도들과의 관계에만 치중하는 사람들은 자신이 은혜를 먼저 받은 것에 대해 생각해 보아야 합니다. 그리하여 은혜의 수혜자답게 살아야 합니다.

더불어 나눔

1. 반(反) 기독교 및 이단 세력과 부딪혔던 경험이 있다면 함께 나누어 봅시다. 어떤 사례가 있었는지, 어떻게 대응하면 좋을지 이야기해 봅시다.

▶▶▶ 인도자는 그런 사례가 있다면 함께 나누도록 진행합니다. 그리고 대처하기 위한 방법으로 작은 예수의 모습을 보여 주라고 전합니다. 반 기독교 세력의 공격이 들어오면 자칫 기분이 상해 덕이 되지 않는 행동으로 반응할 수 있습니다. 이때 그들과 똑같이 대응하려고 하지 말고, 멸시와 모욕을 참으신 예수님을 기억하며 온유함으로 대응해야 합니다. 단, 온유함으로 나아가되 진리에 대해서는 분명한 태도를 보여야 합니다.

2. 작은 예수의 삶으로 주변 사람들을 변화시키기를 소원하며 함께 기도해 봅시다.

▶▶▶ 작은 예수의 삶으로 사람들의 마음을 감화시키는 것은 성령님이 도우셔야 가능합니다. 우리의 의지와 노력만으로는 안 됨을 고백하며 성령님의 도우심을 구하며 기도해 봅시다.

마음 밭에 심기

주제 말씀 암송

십자가의 도가 멸망하는 자들에게는 미련한 것이요 구원을 받는 우리에게는 하나님의 능력이라 고린도전서 1:18

▶▶▶ 이 성구는 복음이 비록 세상 사람들에게는 미련해 보이나 실제로는 가장 복된 소식이자 능력임을 짚어 주고 있습니다. 인도자는 이 말씀을 의지함으로 전도에 임해야 함을 알려 주며 함께 암송할 수 있게 해줍니다.

마음에 새기기

▶▶▶ 인도자는 마음에 새기기를 통해 이 과에서 배운 내용을 점검하고 중요 내용을 숙지할 수 있어야 한다고 말합니다. 읽을 때에는, 스스로 읽고 복습하는 것도 좋지만 서로 짚어 주는 것이 더 효과적일 수 있습니다. 그러므로 소그룹별로 읽어 볼 수 있도록 유도합니다. 또한 인도자는 한 주에 한 번 이상 이 내용을 각자 체크할 수 있도록 권면합니다.

복음 증거를 방해하는 여러 가지 요소들이 있습니다

1. 이단, 사이비 종교 등의 그릇된 행동으로 인해 기독교에 대한 사회적 이미지가 실추되는 경우가 있습니다.
2. 세상의 가치관과 기독교의 가치관은 같지 않기 때문에 공격받습니다.
3. 그리스도의 복음을 왜곡하는 사상들이 이 세상에 만연해 있습니다.
4. 배타성, 고립, 부정적인 사고, 교만 등으로 전도를 방해하는 성도들이 있습니다.
5. 상호 오해 증세, 친교 과잉 증세, 열정 감퇴 증세, 영적 발전 제한 증세 등으로 교회가 전도의 분위기를 막는 경우가 있습니다.

전도의 방해 요소를 극복하기 위해 실질적인 노력을 해야 합니다

1. 성경말씀을 가까이하고 철저히 준비하여 잘못된 사상과 이단 세력 앞에서도 당당히 맞서 이겨야 합니다.
2. 작은 예수의 삶을 보여 줌으로써 비판하려던 사람들도 감동을 느낄 수 있게 해주어야 합니다.
3. 소그룹별로 연습하고 실제로 나가서 직접 전도함으로써 실전 훈련을 쌓아 가야 합니다.
4. 교회 내부의 방해 요소를 막으려면 교회의 마인드를 전도 지향 마인드로 바꾸어야 합니다.
5. 내가 먼저 받은 은혜에 감사하고 감격하며 아직 구원받지 못한 영혼들을 불쌍히 여겨야 합니다.

▶▶▶ 인도자는 이 과를 정리하며 마무리합니다. 이번 시간에는 전도자로 나아가기 전에 먼저 알아야 할 전도의 방해물에 대해서 배웠습니다. 인도자는 비록 방해물처럼 보이는 것도 우리가 성령님 안에서 도우심을 구하고 철저히 준비해 나간다면, 그것은 더는 방해물이 아님을 기억하라고 전합니다.
다음 과에서는 전도자로서 나아가기 위해 체크할 내용과 전도할 때 필요한 자료들을 살펴보는 시간을 갖게 됩니다.

제 8과

전도자 훈련 학교 워크북

오늘 우리는...

- 이 과를 통해, 전도의 은사가 있는지 체크하는 시간을 갖게 됩니다.
- 이 과를 통해, 전도지를 만드는 방법과 다양한 전도법에 대해 배우게 됩니다.

▶▶▶ 이 과에서는 전도의 은사가 있는지 스스로 체크해 보고, 전도지를 어떤 식으로 만들면 되는지, 참고할 만한 전도법에는 어떤 것들이 있는지 배우는 시간을 갖게 됩니다. 인도자는 이 과정을 통해 전도에 대한 열정을 가질 수 있다고 말합니다.

마음 문 열기

50년 동안 시리아에서 선교사로 헌신했던 윌리엄 제섭은 그리스도께 인도하지 못한 사람들을 보며 매우 낙담하였습니다. 그래서 이 문제를 놓고 일주일간 하나님의 말씀을 읽으며 묵상하기로 결심했습니다. 말씀을 읽으면서 그는 자신이 전도할 때 하나님의 자리를 마련하지 않고 자신의 능력만을 의지했다는 사실을 깨달았습니다. 그 후 그는 열한 명의 이름을 종이에 써서 높이 들고 그 사람들을 구원하여 달라고, 필요하다면 그 일에 자신을 사용해 달라고 하나님께 간절히 기도하였습니다.

어느 날 그 열한 명 중 한 사람이 그에게 와서 자신의 죄를 고백하고 예수 그리스도를 구주로 영접했습니다. 그리고 나머지 열 사람도 3주가 못 되어서 모두 회심하였습니다. 이 일을 경험한 후 윌리엄 제섭은 다음과 같은 고백을 하였습니다. "남은 생애 동안 나는 지금까지 해온 것과는 다른 방법으로 선교할 것입니다. 내 안에서 일하시며 앞으로도 일하실 분은 오직 주님이시기 때문입니다."

▶▶▶ **인도자는 전도의 열매를 맺게 해주시는 분이 하나님이심을 다시 한 번 강조합니다. 예화를 통해 알 수 있듯, 우리는 자신의 능력을 의지하여 전도해서는 안 됩니다. 또한 전도할 때 열매가 없다고 실망할 필요가 없습니다. 그저 하나님이 역사하심을 기대하며 전도자로서 나아가면 되는 것입니다.**

여기서 잠깐

전도함에 있어서 우리가 아무것도 걱정할 필요가 없는 이유는 무엇입니까?

▶▶▶ 인도자는 전도는 하나님께서 가장 기뻐하시는 일임을 알려 줍니다. 하나님의 뜻이기에 우리가 그 뜻에 순종한다면, 그 다음은 하나님이 인도하십니다. 행여 전도를 가로막는 것들이 있다 할지라도 하나님은 그것을 능히 이기게 하십니다. 또한, 그것이 고난으로 다가온다면 하늘의 상급으로 갚아 주십니다.

배움과 익힘

1. 전도의 은사 체크 리스트

다음의 표를 보면서 전도의 은사가 있는지를 체크해 보도록 합니다.

점검 내용	전혀 아니다	아니다	보통이다	그렇다	매우 그렇다
	1점	2점	3점	4점	5점
1. 영혼을 구원하는 일이 모든 그리스도인의 가장 큰 책임이라고 믿는다.		✓			
2. 비신자들이 예수님을 영접하게 하는 일을 누구보다 좋아한다.			✓		
3. 내가 구원받은 것을 간증할 때 예수님을 모르는 사람들도 관심을 갖고 은혜를 받는 경우가 많다.			✓		

점검 내용	전혀 아니다	아니다	보통이다	그렇다	매우 그렇다
	1점	2점	3점	4점	5점
4. 내가 예수님을 믿는다는 사실을 자주 표현해도 주위의 비신자들이 나에게 불쾌한 감정을 드러내지 않는다.			✓		
5. 때때로 예기치 못한 상황에서 복음을 전하게 될 때 의외의 열매를 맺곤 한다.		✓			
6. 교회에서 운영하는 전도자 양육 프로그램에 거의 빠짐없이 참석한다.				✓	
7. 전도하다가 낭패를 보더라도 끝까지 포기하지 않을 각오가 되어 있다.		✓			
8. 평상시 기도할 때 성령님께서 전도대상자를 생각나게 하시는 경우가 많다.	✓				
9. 전도에 열심을 낼 때 나 자신의 신앙이 성장하는 것을 발견한다.			✓		
10. 내가 전도하여 신앙생활을 시작한 사람들과 지금도 좋은 관계를 유지하고 있다.			✓		

※ 체크를 다 했으면 각 문항마다 체크한 점수를 합산합니다. **점수 합계 (26)점**

점수	상태
41~50점	전도의 은사가 있다고 볼 수 있다. 물론 은사를 주시는 주체는 성령님이므로 확정적으로 단언하는 것은 옳지 않지만, 여기에 해당되는 사람이라면 교회에서 전도 특공대로 임명하여 활동하게 하는 것이 바람직하다.

26~40점	전도의 열심은 있으나 은사가 있는지에 대해서는 조금 더 생각해 보아야 한다. 은사가 있으나 아직 드러나지 않은 상태일 수도 있으므로 위에 소개한 방법으로 계속 점검해 나가도록 한다. 중요한 것은, 은사가 나타나지 않는다고 해서 낙담하지 말고 지금 있는 열심을 가지고 전도를 지속해 나가는 것이다.
25점 이하	전도 훈련을 받는 일에 열심을 낼 수 있도록 동기를 부여하도록 한다. 주님의 지상명령을 상기시켜 주며, 영혼을 긍휼히 여기시는 주님의 마음을 품도록 기도하여 전도에 대한 열정을 갖게 한다.

▶▶▶ **인도자는 점수를 계산한 후, 공개하지 않고 스스로 돌아볼 수 있게 합니다.**

▶▶▶ **만약 점수가 낮은 경우, '나는 전도의 은사가 없으니 전도하지 않아도 된다'라고 오해할 수 있습니다. 인도자는 전도는 하나님이 그리스도인 모두에게 주신 사명이자 명령이므로 점수와 상관없이 전도에 임해야 함을 강조합니다. 행여 점수가 낮다고 해도 전도자 훈련 학교를 계기로 전도의 열정을 더 품을 수 있다고 격려합니다.**

2. 전도지 만들기

가. 간단한 전도지

1) 간단한 전도지를 사용하는 경우

간단한 전도지는 복음에 대한 자세한 설명 없이 간략한 한두 마디의 말만을 담아 전도대상자를 교회로 초대할 때 주로 활용합니다. 간단한 전도지의 경우, 내용이 적기 때문에 한눈에 읽기 쉽습니다.

따라서 문장이 간단한 대신 이미지 등을 통해 시각적 효과를 높여주는 것이 좋습니다.

2) 간단한 전도지의 예

○월 ○일 ○시에 ○○교회에서
천국 잔치가 열립니다

OO교회로
초대합니다

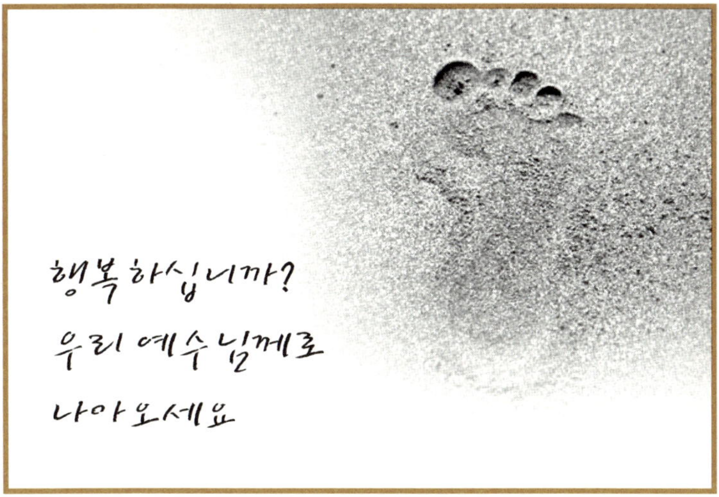

▶▶▶ 최근에는 전도지 자체보다는 다른 작은 물건에 전도 메시지를 넣어서 활용하는 경우도 많습니다.

나. 복음의 내용이 담긴 전도지(소책자용)

전도지 안에 복음의 내용을 간략하게 정리해서 넣을 경우, 다음과 같이 자세하면서도 함축적인 내용을 담을 수 있습니다.

1 페이지

하나님은 누구신가?

하나님께서는 우주 만물을 창조하시고 섭리하시는 역사의 주인이시며 전지전능하신 분입니다.

:: **태초에 하나님이 천지를 창조하시니라(창세기 1:1)**

우리를 창조하신 하나님께서 우리에게 새 힘을 주시고, 우리 삶에 부족한 것들을 채워 주십니다.

인간은 어떤 존재인가?

하나님께서는 하나님의 형상을 따라 인간을 만드셨습니다.
인간은 다른 피조물들과 달리 하나님의 형상을 가지고 있으며 하나님과 교제할 수 있는 영적 존재입니다.

2페이지

인간의 범죄

아담과 하와가 하나님께 불순종하여 죄를 지었고, 그 죄로 말미암아 인간은 하나님과 단절된 상태에서 가난과 질병과 저주 가운데 살게 되었습니다.

:: 그러므로 한 사람으로 말미암아 죄가 세상에 들어오고 죄로 말미암아 사망이 들어왔나니 이와 같이 모든 사람이 죄를 지었으므로 사망이 모든 사람에게 이르렀느니라(로마서 5:12)

결국 인간은 죄 때문에 죽음과 고통 속에 살게 되었습니다. 인간은 질병으로 고통받고, 결국에는 죽어서 흙으로 돌아가며, 최종적으로 마지막 심판 때에 영원한 사망에 들어가게 됩니다.

:: 한번 죽는 것은 사람에게 정해진 것이요 그 후에는 심판이 있으리니 (히브리서 9:27)

죄로 말미암아 하나님과 인간 사이에는 넘을 수 없는 벽이 생겼습니다. 인간은 구원을 갈망하지만 스스로는 아무것도 할 수 없으며, 아무리 선한 행동을 한다고 해도 구원을 얻지 못합니다.

예수 그리스도의 죽음과 부활

인간의 죗값은 반드시 인간이 갚아야 합니다. 그러나 인간은 모두 죄인이기 때문에 스스로 구원할 수 없으므로 죄 없는 인간의 희생과 대속이 필요합니다.

그렇기 때문에 죄와 상관없는 예수님께서 인간의 몸으로 이 땅에 오셔서 인류의 모든 죄를 담당하시고 십자가에 돌아가심으로 죗값을 치르셨습니다.

:: **모든 사람이 죄를 범하였으매 하나님의 영광에 이르지 못하더니 그리스도 예수 안에 있는 속량으로 말미암아 하나님의 은혜로 값 없이 의롭다 하심을 얻은 자 되었느니라(로마서 3:23-24)**

예수님께서 십자가에 돌아가시기만 했다면 부활의 소망은 없었을 것입니다. 하나님께서는 예수님을 십자가에서 죽으신 지 사흘 만에 죽은 자 가운데서 다시 살리셨습니다. 예수님께서는 죽음을 이기시고 부활의 첫 열매가 되셨습니다.

죄 사함은 십자가의 고난과 죽음이라는 대가를 지불하여 얻게 된 하나님의 은혜입니다.

:: **하나님이 세상을 이처럼 사랑하사 독생자를 주셨으니 이는 그를 믿는 자마다 멸망하지 않고 영생을 얻게 하려 하심이라(요한복음 3:16)**

4페이지

영접과 믿음

인간이 구원의 은혜를 받아 누리려면 어떻게 해야 할까요?

그 어떤 행위도 필요하지 않습니다. 그저 '믿기만' 하면 됩니다. 예수님께서 나의 죄를 위해 돌아가시고 부활하셨음을 믿고 예수님만이 구원의 길이 되심을 입술로 시인하면 됩니다.

예수님을 나의 구주, 곧 내 삶의 구원자로 받아들이며 영접할 때, 우리는 하나님의 자녀가 되는 권세를 얻습니다.

믿음은 내 안에 예수님을 모시고 '나 중심의 삶' 에서 '하나님 중심의 삶' 으로 나아가겠다는 삶의 결단입니다.

:: **영접하는 자 곧 그 이름을 믿는 자들에게는 하나님의 자녀가 되는 권세를 주셨으니(요한복음 1:12)**

구원받은 자가 누리는 복

예수님을 영접하면 구원받고 영원한 생명을 얻게 됩니다. 그리고 하나님의 백성으로서 천국에서 영원히 살게 되며, 이 땅에서도 하나님의 나라를 경험하게 됩니다.

또한 예수님을 영접하는 순간, 마음속에 예수님께서 들어오십니다. 이것은 우리의 존재 자체가 변화되는 것이며, 우리 삶의 전반이 복받는 삶으로 변화되는 것입니다.

인간의 생명과 생활의 근원인 영혼이 먼저 잘되면, 그 복이 삶의 모든 활동과 노력, 환경과 조건과 상태를 모두 포괄하는 '범사'가 잘되는 복으로 이어집니다. 또한 육신의 질병까지 고침받는 강건함의 복도 누리게 됩니다.

:: **사랑하는 자여 네 영혼이 잘됨같이 네가 범사에 잘되고 강건하기를 내가 간구하노라(요한3서 1:2)**

6페이지

교회로 초대

예수님을 영접한 후에는 이전에 행하던 죄의 습관을 버리고 교회 중심으로 신앙생활을 해야 합니다.

과거처럼 내 목표나 내 가치관을 따라 살지 않고 하나님 앞에 순종하며 성령님의 인도하심을 따라 살아야 합니다.

▶▶▶ 인도자는 이 내용을 그대로 싣는 것이 아니라 상황에 맞게 필요한 부분을 발췌하고 수정하여 활용할 수 있다고 전합니다.

3. 다양한 전도법 배우기

▶▶▶ 인도자는 다음의 전도법들을 살펴보고 배울 수 있는 것들은 함께 공유하자고 전합니다. 그리고 우리도 전도에 열정을 쏟다 보면 스스로 새로운 방법들과 노하우를 알게 될 것이라고 말하며 격려합니다.

가. 전도의 달인에게 배우기

1) 진돗개 전도왕 박병선 집사(진돗개새바람전도학교 대표)

– 진돗개 전도법이란?

진돗개는 품성이 대단할 그뿐만 아니라 영리해서 급소를 한번 물면 절대로 놓지 않고 끝까지 물고 늘어집니다. 이처럼 전도할 때 가장 중요한 것은 인내와 끈기입니다.

2) 고구마 전도왕 김기동 집사(기독교전도사역연구소 소장)

– 고구마 전도법이란?

전도는 쪄 먹는 고구마를 젓가락으로 찔러 보는 것과 같습니다. 고구마가 익을 때까지 지속적으로 찔러서 확인하여 골라내듯, 전도할 때에도 이런 자세를 가져야 합니다.

3) 이슬비 전도왕 여운학 장로(이슬비전도학교 교장)

– 이슬비 전도법이란?

① 사랑의 편지를 통해 태신자를 만들어라.

② 인내를 가지고 중단 없이 태신자에게 전도 편지를 보내라.

③ 태신자를 교회나 소그룹, 가정에 초청하라(교회 초청, 개별 초청).

④ 태신자와 대화, 상담의 기회를 포착하라.

4) 모유전도 엄호섭 장로(엘림전도훈련원 원장)

– 모유전도법이란?

전도에 체험과 열매가 없었던 성도가 실천해야 할 생활 전도법입니다. 한 영혼을 위해 1,000번을 기도하고 100번을 만나고, 3년 동안 포기하지 않는 관계전도법입니다.

나. 개교회 전도왕에게 배우기

1) 김종열 권사(주안장로교회 전도왕)의 전도 노하우

– 교회와 담임목사의 전도에 대한 동기부여에 철저히 순종하라.

– 교회와 집을 오가는 사이의 시간을 철저히 공략하라.

– 내가 살고 있는 지역의 아파트를 영적으로 먹어 치우라.

– 사회적인 영향력을 끼칠 수 있는 사람을 우선적으로 전도하라.

– 습관적으로 메모하면서 전도하라.

2) 구순애 집사(수영로교회 전도왕)의 전도 노하우

– 전도자가 먼저 하나님을 경험하라.

– 전도자가 체험한 하나님을 전할 때 전도는 그냥 된다.

– 전도에 왕도는 없다. 기도를 통해 하나님을 의지하라.

3) 현명희 집사(할렐루야교회 전도왕)의 전도 노하우

– 전도는 성령님께서 하신다는 것을 인정하라.

- 거부하는 사람에게 억지로 전도하지 않는다.
- 비신자가 놓인 상황을 먼저 고려한다.
- 양육까지 신경 쓰며 책임진다.

다. 영업의 달인에게 한 수 배운다

1) 최진실(현대자동차 2001~2003 전국 판매왕)

- 모든 사람을 머리가 아닌 가슴으로 대하자.
- 사람을 미워하지 말라. 설혹 그가 복음을 받아들이지 않아도 사람 자체를 놓치지 말라.
- 비신자들을 전도한 후에 그들을 추가적으로 도와줄 수 있는 아이디어를 생각해 보자.
- 사역에서 기쁨을 얻도록 노력하자. 다른 사람이 나를 평가하는 것이 아니라 내가 나를 평가해서 조금이라도 발전이 있다면 자족하자.

2) 소군호(푸르덴셜보험 판매왕)

- 성도들을 관리하는 효과적인 프로그램을 찾아 사용해 보자. 성도들의 만족도를 높이는 데 도움이 될 것이다.
- 비신자를 처음 만났을 때 단도직입적으로 복음을 전하기보다는 주변의 좋은 이야깃거리로 대화를 시작한다. 그리고 비신자가 믿든 안 믿든 계속 연락하며 관심을 표해야 한다.
- 맞춤형 전도, 즉 비신자 한 사람 한 사람의 정보에 근거하

여 접근해 보자. 처음에 모든 것을 끝내려 하지 말고, 비신자가 마음 문을 열 때까지 계속 접촉하는 것이 중요하다.

- 자신이 전해야 할 내용을 철저히 숙지하고 암기하는 것이 중요하다. 따라서 많은 성경구절을 암송해야 한다. 암송한 말씀만이 전도 때 사용할 수 있는 무기이다.

3) 임인호(ING생명보험 판매왕)

- 전도에 프로가 되려면, 첫째, 소명감을 가져라. 둘째, 집중하라. 셋째, 기도하라.
- 처음 만나는 사람을 전도하려면 웃음을 통한 아이스브레이킹을 시도하고, 남을 칭찬하는 말을 많이 해야 한다. 특히 전도대상자 앞에서는 약간의 쇼맨십도 필요한데, 이 모든 것은 훈련의 결과이다.
- 전도한 새가족을 지속적으로 관리하기 위해서는, 첫째, 작지만 지속적인 애프터서비스를 제공하라. 둘째, 새가족에게 미래에 대한 비전과 확신을 심어 주라. 셋째, 새가족을 신앙의 파트너로 생각하고 양육하라.
- 전도대상자의 삶의 현장을 리얼하게 살펴보라.

4) 장순애(대한생명 5년 연속 여왕상 수상)

- 전도는 그림을 보여 주듯 쉬운 말로 하라.
- 전도는 무형의 상품이다. 전하지 않으면 그 핏값을 우리가 당하게 된다는 경각심을 가져라.
- 사람들에게 접근하기 위해서는, 첫째, 깨끗하고 단정한 모습을

유지하라. 둘째, 남의 이야기를 잘 듣고 공감해 주라. 셋째, 전도는 보여 주는 것임을 기억하라.

- 전도의 효과적인 전략을 위해서는, 첫째, 전도하기로 결정한 지역이 있다면 다른 지역을 제쳐두고 그곳만을 집중력 있게 공략하라. 둘째, 전도대상자의 관심사를 공부하라. 셋째, 마음을 전달할 수 있는 편지를 써라.

(*「월간 교회성장」 2006년 3월호에서 발췌)

| 참고문헌 |

교회성장연구소 편집부 저, 「월간 교회성장」, 교회성장연구소, 2006.

교회성장연구소 편집부 저, 『이미지로 전도하는 꿈의 교회』, 교회성장연구소, 2010.

마이클 그린 저, 홍병룡 역, 『초대교회의 복음 전도』, 복있는사람, 2010.

빌 하이벨스 저, 정성묵 역, 『사랑하면 전도합니다』, 두란노, 2006.

이영훈 저, 『하나님이 기뻐하시는 교회』, 서울말씀사, 2009.

이영훈 저, 『성령이 너희에게 임하시면』, 서울말씀사, 2010.

이영훈 저, 『4차원의 영성 – 전도 학교』, 교회성장연구소, 2010.

이영훈 저, 『제자의 길』, 서울말씀사, 2010.

이영훈 저, 『4차원의 영성 – 리더십 학교』, 교회성장연구소, 2010.

이영훈 저, 『복음의 지경을 넓히시는 하나님』, 서울말씀사, 2011.

이영훈 저, 『든든히 서 가는 교회』, 서울말씀사, 2011.

존 맥아더 · 그레이스 커뮤니티교회 선교팀 저, 『담대한 복음 전도(어떻게 성경적으로 전도할 것인가)』, 생명의말씀사, 2012.

글래디스 아일워드 저, 김병희 역, 『작은 여인』, 전도출판사, 1986.

| 추천 도서 |

※ 추천 도서는 시간이 날 때 자유롭게 읽을 수 있도록 권장합니다.

혹은 소그룹별로 독서 보고서를 써서 함께 나누는 방법도 좋습니다.

빌 하이벨스 저, 정성묵 역, 『사랑하면 전도합니다』, 두란노, 2006.

MTS 전도자 훈련 학교 - 지침서 -

초판 1쇄 발행 2012년 12월 17일
초판 2쇄 발행 2014년 3월 18일

지은이 이영훈
펴낸곳 교회성장연구소
편집인 이장석
편집장 노인영
기획 및 편집 박은혜 김태희 백지희
디자인 박진실
마케팅 이경재 문기현 이기쁨
MTS 사역 김미현 최명선 장시현
행 정 김수정 정진주

등록번호 제12-177호
주 소 서울특별시 영등포구 여의공원로 101번지 CCMM빌딩 9층 901A호
전 화 02-2036-7935
팩 스 02-2036-7910
웹사이트 www.pastor21.net
MTS 전문몰 www.pastormall.net

ISBN 978-89-8304-207-1 04230

"무슨 일을 하든지 마음을 다하여 주께 하듯 하라" (골 3:23)

교회성장연구소는 한국 모든 교회가 건강한 교회성장을 이루어 하나님 나라에 영광을 돌리는 일꾼으로 성장하는 것을 목표로, 목회자의 사역은 물론 성도들의 영적 성장을 도울 수 있는 필독서들을 출간하고 있다. 주를 섬기는 사명감을 바탕으로 모든 사역의 시작과 끝을 기도로 임하며 사람 중심이 아닌 하나님 중심으로 경영한다. "무슨 일을 하든지 마음을 다하여 주께 하듯 하라"는 말씀을 늘 마음에 새겨 하나님이 주신 사명을 기쁨으로 감당한다.